江苏大学专著出版基金资助出版

碳配额约束下的产业系统螺旋低碳演化研究

沈辉 路正南 邱玉珊 著

镇江

图书在版编目(CIP)数据

碳配额约束下的产业系统螺旋低碳演化研究 / 沈辉，路正南，邱玉珊著. — 镇江 ：江苏大学出版社，2018.8
ISBN 978-7-5684-0938-4

Ⅰ. ①碳… Ⅱ. ①沈… ②路… ③邱… Ⅲ. ①产业经济－低碳经济－研究－中国 Ⅳ. ①F121.3②F124.5

中国版本图书馆 CIP 数据核字(2018)第 202966 号

碳配额约束下的产业系统螺旋低碳演化研究

Tan Pei'e Yueshuxia de Chanye Xitong Luoxuan Ditan Yanhua Yanjiu

---

著　　者/沈　辉　路正南　邱玉珊
责任编辑/李经晶
出版发行/江苏大学出版社
地　　址/江苏省镇江市梦溪园巷 30 号(邮编：212003)
电　　话/0511-84446464(传真)
网　　址/http://press.ujs.edu.cn
排　　版/镇江市江东印刷有限责任公司
印　　刷/句容市排印厂
开　　本/890 mm×1 240 mm　1/32
印　　张/5.75
字　　数/200 千字
版　　次/2018 年 8 月第 1 版　2018 年 8 月第 1 次印刷
书　　号/ISBN 978-7-5684-0938-4
定　　价/38.00 元

如有印装质量问题请与本社营销部联系(电话:0511-84440882)

前　言

在实施以配额为基础的碳排放权交易制度之后，产业系统面临着能源依赖与减排目标的双重约束，明晰低碳演化的内在机理，并进行有效的政策引导，是迫切需要解决的问题。本书从实现系统熵减的路径——“物质交换”和“外力做功”出发，解析碳资源流动、技术进步和政策优化（简称 CTP）三个低碳演化的基本要素，从由技术进步偏向特征引致碳资源流动，进而倒逼政策优化，从而重新推动技术进步偏向性的产业系统低碳化的横向关联，以及用熵减来表征的产业系统纵向进化两个方面，构建 CTP 螺旋驱动低碳演化的理论模型。在此基础上，运用技术进步偏向、面板模型、DID 工具，实证分析 CTP 驱动产业系统熵减的路径，进而对其进行针对性的政策引导。

碳配额制全面启动后，碳资源作为环境外部性产品也获得了产权，二氧化碳排放权成为继石油等大宗商品之后又一新的价值符号，碳配额成为解决碳排放产权问题的重要市场调节手段，构成碳交易市场机制的一个重要部分。全面碳市场建立后，碳配额将对产业系统的动态运行产生深远影响，会形成产业系统低碳演化的“外场”，配额约束下碳资源流动、技术进步及政策优化（CTP）构成产业系统低碳演化的“内核”，“内核”“外场”构成产业系统低碳演化的静态螺旋结构特征。不同产业部门的技术进步偏向特征将造成碳资源在产业间流动的“势能”，碳资源的流动会促进产业间资源的优化配置，使得产业系统熵减，实现产业系统的低碳优化运行。对我国“两省五市”碳排放交易试点的数据进行实证分析发现，碳配额政策也会促进产业系统熵减，且对技术进步和碳资源使用具有重要影响，这种横向交叉、纵向优化的状态构成碳配额约束下产业系统的低碳演化符合螺旋结构的特征。

本书具体内容分为七章：第1章，导论。基于全球环境质量恶化、能源耗竭威胁，我国碳交易试点的运行经验趋于成熟，建立全国统一的碳交易市场势在必行，碳配额是碳交易市场建立的基础，参与配额的厂商均有自己的产业归属，所以最终会汇集成产业系统的碳配额问题，引出本书探讨的问题，同时对产业和碳配额相关理论进行搜集、整理、综述。第2章，产业系统碳配额相关理论概述。基于产业系统减排理论及碳配额理论，阐明产业系统碳配额的相关概念，明确产业系统碳配额的特征及影响因素，厘定产业系统碳配额相关影响因素之间的关系。第3章，我国产业系统碳配额的发展趋势。对比分析我国区域碳配额及产业系统碳配额的特征，讨论全国统一的碳市场建立后，区域碳配额是否会最终形成产业系统碳配额，分析两者之间的内在逻辑关系，并由此提出我国产业系统碳配额发展的基础条件。论述欧盟、美国、日本等地区或国家关于产业系统碳配额发展情况对我国产业系统实现碳配额后的借鉴。第4章，配额约束下源起产业系统熵减的螺旋低碳演化模型。从产业系统熵减的路径——“物质交换”和“外力做功”出发，梳理碳配额影响产业系统低碳演化的方式符合三螺旋的特征，揭示碳配额对产业系统螺旋低碳演化的作用机理。第5章，技术进步偏向视角下碳资源流动驱动产业系统低碳演化的研究。论述了我国产业部门技术进步偏向的测度方法和判别方法并进行了实证分析。第 6 章，碳配额约束下政策优化驱动产业系统低碳演化的研究。对“二省五市”碳交易试点实施的碳配额相关政策，使用政策效应量化评估工具实证分析和评估碳配额政策对产业系统熵的具体影响。第 7 章，提升我国产业系统持续低碳优化运行能力的对策建议。根据产业系统熵减路径等上述章节的相关论证，提出碳配额下产业系统低碳发展的策略组合。

碳配额全面实施后，产业系统低碳演化的内在机理是持续优化产业系统稳定运行的基础和保障，也是产业系统低碳政策持续优化的依据和参考。在新技术、新能源和新理论不断创新应用的环境下，产业系统低碳演化的内在机理将更加明晰化。因此，积极学习和掌握新的知识、技术和分析方法，是我们不断探索产业系统低碳研究的持续动力和正确道路。

本书在编撰的过程中借鉴了相关产业系统低碳演化运行领域诸多专家、学者的研究成果，相关专家、学者为本书提出了许多宝贵的建议；同时，本书的出版得到了江苏大学出版社诸多编辑的辛勤付出，在此一并表示衷心的感谢。

目　录

第1章 导 论

1.1 问题的提出

工业革命改变了人类社会经济活动的基本范式，以化石能源为主的能源资源成为推动经济发展与社会进步的重要引擎。化石能源在我国经济飞速发展过程中起到关键的支撑作用，但是我国经济增长对化石能源的依赖已经表现出异常的形态关系。2015 年 3 月 5 日，李克强总理做政府工作报告时指出，要打好节能减排和环境治理攻坚战，今年二氧化碳排放强度要降低 3.1% 以上。中国政府连续做出节能减排承诺，向世界表明了我国减排的坚定决心。

在节能减排已成全球共识的大背景下，2011 年 10 月国家发改委印发《关于开展碳排放权交易试点工作的通知》至今，我国已有北京市、天津市、上海市、重庆市、深圳市及湖北省、广东省这“两省五市”成为碳排放交易试点，成为继欧盟之后的第二大碳交易体系。碳配额在我国的全面实施已经成为必然。

《京都议定书》诞生后，部分国家和地区逐步将碳排放交易制度作为减排的重要工具。碳资源作为环境外部性产品也获得了产权，二氧化碳排放权成为继石油等大宗商品之后又一新的价值符号，碳配额成为解决碳排放产权问题的重要市场调节手段，构成碳交易市场机制的一个重要部分。全面碳市场建立后，碳配额将对产业系统的动态运行产生深远影响。

碳配额嵌入后，我国产业系统的发展正好处在一个瓶颈期——产业增长对能源消费的严重依赖与碳配额约束下产业系统减排夹缝中的动态优化运行问题。明确产业系统的低碳演化机理，并对其进行有效的政策引导，是全面碳配额实施后迫切需要解决的问题，也具有重要的实现意义。产业系统低碳演化的内在机理的明晰需要解决如下三个问题：① 如何科学描绘产业系统的运行状态。② 驱动产业系统动态演化的基本因素及论证其结构特征。③ 在碳配额嵌入模式下，驱动产业系统更有效低碳化运行的策略组合是什么。

1.2　碳配额的研究进展

自 2005 年欧盟实施碳排放交易计划（ETS）以来，其碳配额的分配方式，经过十年的实践已日趋成熟，一般认为有两种有效方式：有偿排放权拍卖和无偿分配排放配额。按照《京都议定书》中指明的总量减排任务，欧盟按照以下几个步骤将碳配额分配至其成员国：① 根据成员国历史排放和经济社会发展情况确定配额，并分配配额给排控企业；② 企业每年年终统计其一年内的碳排放数据，将其与碳排放配额进行对比；③ 企业超过配额部分的碳排放量会被罚款，企业还可以自由交易碳排放配额。

1.2.1　碳配额的相关分配方法

关于碳配额的分配方法和分配策略，Heinz Welsch（1993）指出，如果没有一个具有约束力的国际协议，很难预测全球二氧化碳排放量能否大幅减少。所以其描述了一个二氧化碳的协议设计，试图创造广泛的参与，通过为欠发达国家提供机会，提高他们的经济地位，提出一个分配碳排放配额的公式，通过考虑长期股权和中期调整的问题，达到全球二氧化碳减排的最低经济损失。Heinz Welsch（1999）提出了一个基于公平和效率的最基础、简单的碳排放配额模型。Peter Bohm（1999）通过设计一个独特的实验，设定了碳排放量减排的 4 个相关决策者，从国际贸易的角度，基于博弈论分析了碳排放配额的方法，从市场效率的角度研究了高效率贸易和有限套利对碳配额分配的影响。Nordhaus（2011）在研究美国的国家能源时指出，碳排放配额分配过程中，光考虑“公平”并不是最有利于国家和行业发展的策略，根据区域实际发展的差异和均衡来设计碳配额分配制度将更加有效。Cramton 等、Parry 等（1997）、Edwards 等实证论证了一个国家应对气候变化的最有效方法是碳配额拍卖，这样可以激励厂商技术进步，提高碳资源分配效率，减少配额分配过程中的政治争议，但是无偿配额在碳交易初期的可实施性更高。Miguel（2016）从政策实施的角度总结了目前碳配额分配的方法及其优劣点，详细阐述了寡头竞争的背景下，“祖父法”等配额方法对碳配额减少的具体效应。

我国学者根据我国的实际国情，对碳配额分配方法也进行了深入研究。丁丁（2013）依据区域发展特色及所属行业特征，探讨了不同碳配额方法的适用性范围，指明了“基准法”和“祖父法”的实施方案，提出碳配额实施初期，考虑到可实施性，应该使用免费配额，而随着碳配额持续实施，应该从免费配额逐渐向配额拍卖过渡。令狐大志（2015）从碳配额分配的公平性原则、效率性原则出发，阐述了历史排放对产业配额分配的重要性，并基于历史排放研究了我国的碳配额分配机制。叶飞（2015）将产业内部的企业，按照其历史碳排放水平分为高排放和低排放两类企业，并将“差别责任制”引入产业系统内部，基于历史碳排放数据，使用双寡头模型，研究了我国的碳配额分配机制，并提出了适合我国的碳配额分配策略。王万军（2015）在其研究中，梳理了我国碳交易试点的现状，整理了我国目前的碳配额分配方法，可以概述为以免费配额为主，历史排放和公平效率相结合，事前分配和事后调整相结合等碳配额分配方式。

综上可知，目前的碳配额分配方法主要根据历史排放数据、公平与效率等原则来制定，大致可以分为免费配额法、配额拍卖法及混合法。我国目前处于统一碳市场尚未建立的前夕，根据国际经验，免费配额是比较好的选择。

1.2.2 碳配额的相关研究方法

国外一些关于碳配额的研究考虑到公平和经济效率属性。例如，Phylipsen（1998）较早即在研究碳资源产权问题时指出，碳排放量的研究需要综合考虑人均碳排放量、人均 GDP 和碳排放量单位工业增加值排放量等指标，并使用考虑综合属性的加权平均模型。Baer（2007）在研究碳减排时，使用了基于能力和责任构建的碳配额分配的多属性模型，对碳排放配额进行了相关的测度。Ramudhim（2011）基于能力、责任和潜力构建了碳配额分配的理论模型，并指出在四个可选的解决方案中，优先的方案是能力、责任和潜力的权重相等。Rolf Golombek（2013）分析了分配碳排放配额的不同的方式可能会影响电力市场。他使用一个大型的数值非线性动态规划模型，分析了西欧的能源市场与非均匀的电力生产商，研究表明，即使总排放目标是固定的，不同的分配机制可以对电力市场有非常不同的影响。此外，实现一个固定的排放目标的福利成本显然更高，OBA 的数值结果验证了这个理论，并提供了一些新的结果。Steffen Rebennack（2014）在研究水电热发电系统受到碳配额约束下的最佳投资决策时，为碳配额约束下的水火电力生产规划问题提出了一种新的分解算法——基于 Benders 分解。使用一个标准的随机双动态规划求解算法（Stochastic Dual Dynamic Programming，SDDP），证明了 Benders 分解的有效性，研究结果降低了二氧化碳的排放，满足了碳配额要求，并且有助于环境政策的评价。

在国内，Zhou 等（2013）研究中国的区域碳配额时，指出在各省（市、区）间分配碳配额时需要注意五个属性，即二氧化碳排放量、能源消耗、人口、GDP 和人均 GDP，然后构建了一个非线性规划模型，对省际排放配额交易的经济绩效进行了评价。Chen 等（2013）提出了基于碳生命周期的碳排放量排放流分析理论，研究了不同区域内、不同行业间的环境责任分配，研究指出碳配额需要保障区域间的均衡发展。Chou 等（2012）采用非参数效率分析技术，估计了中国能源效率、潜在的减排及年二氧化碳排放量相关的边际碳排放配额成本。此外，较为宏观的经济学模型也在碳配额研究中得到了应用，例如 Wei Li（2016）建立了10种不同的场景，不同碳排放权配额比例，动态的、递归的可计算的一般均衡（CGE）模型来模拟碳排放交易市场，探索免费配额比和碳交易价格之间的关系，以及碳交易计划（ETS）对中国的经济和环境的影响。结果表明，自由配额并不会对国内生产总值（GDP）、其他经济和环境产生直接影响。

总的来看，碳配额研究的相关方法可以大致归类为偏向微观层面的计量经济方法、动态博弈，以及偏向宏观的非线性动态规划和一般均衡模型。

1.2.3 碳配额对产业系统的影响

碳配额对产业发展具有重要的影响，是产业低碳演化的重要基础。关于配额分配机制对产业系统的影响，在国外，Ian W. H Parry（1997）研究了环境配额对于劳动力市场的影响，构建了产业部门的福利成本函数和福利损失函数，说明了环境税和环境配额对政府及产业部门的影响。Elvira Uyarra（2016）采用政策组合的方法来研究英国的支持创新在低碳制造部门的制度和治理问题。借鉴了中小型制造企业的管理人员，以及政策从业者和行业专家的采访。通过这些访谈分析了突出的问题，进行了多标量的设计和交付等政策，包括差距和紧张的政策组合，区域机构创业的驱动变化等。研究发现，英国低碳创新政策的连贯性和一致性是缺乏的，这是创造不确定性和阻碍私营部门进行低碳投资的重要原因。同时区域创新能力和锚定机构的损失，极大地影响了政策的执行力，造成过多的稀缺资源难以得到合理配置。Elisabetta Allevi（2015）认为，欧盟排放交易体系（EU-ETS）是一个上限和交易计划，需要行业参与该计划获得补贴，以掩盖他们的碳排放量。能源密集型行业声称，该系统将使欧洲工厂在经济上处于发展劣势，其直接的后果是，行业可能会将生产活动搬迁至不受管制的国家，导致所谓的碳泄漏效应。为了遏制这种影响，一些政策已经制定，包括过渡二氧化碳津贴和边境税调整。Cynthia

Jeffrey（2015）认为，能源税的目的是将温室气体（GHG）排放计入生产成本，鼓励减少温室气体排放；评估排放税的预期效果是一个重要的研究问题。在对欧盟国家自1996年至2009年相关配额数据做研究时发现，随着对能源使用征收隐性税率的增加，碳排放强度降低。此外，EU-ETS的参与也导致整体碳强度明显减弱。欧盟2005年推出EU-ETS，发现EU-ETS会降低碳参与的强度，也会改变对能源使用的隐含税率与碳排放强度之间的关系。具体来说，EU-ETS实施之前有一个显著的反向关系在对能源使用的隐含税率与碳排放强度之间，但在EU-ETS实施后，征收能源隐含税率只对相应的效率测度呈显著的负相关。

国内学者也就碳配额对产业系统的影响做了深入研究。饶蕾（2009）指出，从市场效率来看，配额拍卖是企业实现最低减排成本的最佳方式。但是，这种方式将直接增加企业的成本，而这部分成本随后可能被转移到消费者和更下游的企业，导致相关产业部门竞争力的下降。李陶（2010）指出，从交易成本来看，无偿排放权更易被企业接受，但难于保证分配在产业部门间的公平性。卞亦文（2010）从环境效率的角度做了研究，认为应从环境效率最优的角度，以期望产出最大化、非期望产出最小化及生产要素投入最小化为约束条件探讨排放配额对具体产业部门的影响。

梳理碳配额已有的研究成果，不难发现：①全面碳市场的建立，会促使区域碳配额发展成产业系统碳配额；②碳配额的实施会促进碳资源在产业部门间的流动。因此，从产业层面探讨碳配额嵌入后对产业系统产生的影响，将有利于深入研究产业系统可持续低碳运行的路径。

1.3　产业系统演化的研究进展

产业系统演化主要是指产业系统内部各产业部门存在着复杂联系的一种动态变化情况。例如，一个新产业的产生会引起原先产业内部的产业部分分化和重组，构成产业结构动态变化的主要内容和关键环节。产业系统演化的实质是产业系统内容结构产生结构性变化，包括调整、升级和重组。

1.3.1 技术进步是产业系统演化的基础

产业系统演化理论的诞生，在早期的思想上大量借鉴了生物学系统的相关理论观点，并且较早地得到了一致的观点——技术进步是产业系统演化的基础。Schumpeter（1976）从生物学基础理论出发，类比“突变”理论，提出旧产业毁灭、新产业诞生的过程就是“产业突变”理论，并进一步将“产业突变”的模型分为集群创新突变模式、循环流转渐变模式、Schumpeter创新扩散模式。Milton Friedman（1953）从新古典经济学理论出发，认为利益最大化是产业主体在市场机制下的最优选择，所有造成产业系统演化的基础就是利益最大化，而且在产业演化过程中，新的均衡移动是理性企业的选择，类似于生物学中自然选择的模式。Rihchard R Nelson（1982）的研究指出，产业系统的演化主要由两种机制推动：一种是通过产业系统创新产生多样性的创新机制；另一种是在多样化中进行系统筛选的选择机制。Arthur（1993）的研究支持收益递增机制的存在，使得在市场某一技术上占据优势时，会通过自我完善和强化，主导市场发展方向，由此“锁定”产业的技术发展方向并产生路径依赖。

国内学者也对技术进步引起的产业结构演化进行了较为深入的研究。孙晓华（2010）从需求（Demand）、知识（Knowledge）和协同演化（Co-Evolution）三个视角出发，对国外有关技术创新与产业演化研究的最新进展进行了梳理，并提出了现存的问题和未来研究的发展方向，为我国企业技术创新决策、产业发展实践及相关研究提供了借鉴。何小钢（2012）在梳理影响碳排放动因的基础上，使用我国产业部门的面板数据对技术进步与产业系统减排的非对称关系进行了实证分析。研究结论指出，我国的工业碳投入与行业属性具有密切关系，表现出明显的行业差异性。纯技术效率是产业系统演化的重要动因。魏燕（2012）借助计量模型，在进行多层次检验的基础上，分析了就业、技术进步及产业结构升级之间的关系。研究结果显示，我国的技术进步与产业结构升级程度之间存在着长期的均衡关系，并且指出技术进步和产业结构升级是区域间就业差异长期存在的重要原因。孔宪丽（2015）通过我国33个工业行业的相关数据，对产业部门的技术进步偏向的方向和程度进行了测度，实证分析了技术进步偏向特征对产业结构转型升级的影响。研究结果表明，技术进步的偏向特征对产业系统的结构调整具有引致效应，并指出可以通过引导产业部门根据自身的技术偏向特征，有效提升技术进步驱动产业结构调整的速度。

技术进步与产业系统演化的现有研究为研究碳配额约束下的产业系统低碳演化研究提供了重要的研究基础。特别是技术进步偏向特征与产业系统演化的影响研究，对碳配额约束下，碳资源的技术进步偏向特征影响产业系统低碳演化具有重要的启示意义。

1.3.2 产业系统低碳演化的研究

关于产业系统低碳演化的研究，在国外，最早形成的系统理论是Unruh（2000）提出的“碳锁定”概念，他指出受益于规模报酬递增原因，以化石能源为基础的碳基技术系统一旦稳定，就会保持稳定并阻碍可再生技术等低碳技术的创新；同时，由于成本限制，受益于现有稳定制度的参与者也将试图保持现有制度，这将进一步强化技术系统的锁定，因此会逐渐形成一个“技术－制度综合体”（Techno－Institutional Complex，TIC），从净零碳排放、低碳技术、制度综合体方面分析了碳锁定的负面影响。Willey（2007）研究农场和森林碳排放时，指出考虑了农场和森林资源的产业系统低碳化才是完整的低碳化，从制度层面阐述了碳配额交易对产业低碳演化的重要性，并指出在这个过程中需要充分考虑农场和森林的碳排放影响。Foxon（2008）在研究能源政策时，提出经济水平、制度结构及管理体系的协同创新是实现经济低碳转型的重要因素。Redgwell等（2008）在研究能源消费结构时，指出全球对能源消费的依赖依旧比较严重，产业系统的低碳化发展是其必然选择，其中中国和印度的能源消费结构及减排情况对未来全球范围的减排都起着重要作用。

国内在产业结构低碳化必要性分析中，金乐琴等（2009）指出，中国能源结构问题的根源在于生产要素中以煤炭为主，产业升级的障碍在于处于全球产业链的低端位置。刘再起、陈春（2010）基于7个发达国家的面板数据，研究了产业系统低碳化发展与产业结构调整的关系。研究结论指出，产业结构升级是低碳化发展的必由之路。胡春力（2011）的研究也指出中国推进产业系统低碳化发展的主要障碍在于产业结构中能源占用的缺陷，并分解了技术水平、经济规模、产业结构来对此进行实证分析。路正南（2012）研究指出，中国正处于市场化、城市化和工业化的发展进程中，经济增长和高碳经济的矛盾十分突出。门丹等（2012）分析了美国新能源的发展现状。研究结论指出，产业系统低碳化发展的重要突破口是新能源的发展和推广利用。单宝（2011）研究了欧美日等发达国家和地区产业系统低碳化发展的现状，指出产业系统低碳化发展的实质就是实现能源高效利用与经济增长同步，并在此基础上总结了中国产业系统低碳化发展应该注意的问题。刘美平（2010）在其研究中提出了产业系统低碳化发展的“产碳融合发展”思路，将产业系统产出增长、产业系统低碳化发展与产业结构转型升级相融合。

此外，熵变理论为衡量产业系统演化状态提供了有效工具。随着熵变理论的发展，其应用领域也逐渐由自然科学领域转向社会科学领域。莫琦、Belizza、Ye等分别在产业创新系统、厂商家行为系统、碳排放系统等领域运用熵变理论进行了深入研究。由现有相关熵变理论的研究可知，大多数研究只是提出了熵变理论在各种复杂系统中的概念模型，只有少量研究使用实证分析的方法计算了系统的熵，然且未详细阐述系统熵变过程中相关变量对系统熵的影响。

全国性的统一碳市场建立后，碳配额的约束使得产业系统的演化出现了新的特征，综合考虑碳资源流动、技术进步和政策优化后，产业系统的低碳演化路径和具体方式，将成为本书研究的切入点。

1.4 螺旋驱动理论的研究进展

螺旋驱动理论一般分为双螺旋驱动和三螺旋驱动，碳资源流动、技术进步和政策优化（CTP）是驱动产业系统低碳演化的三个最为重要的基本要素，所以接下来将着重阐述三螺旋驱动理论的研究现状。

1.4.1 三螺旋理论的发展

三螺旋结构最早是在1953年由Linus等在生命科学领域，研究DNA结构时提出的，虽然其研究结果没有被最终应用于生命科学领域，却在社会科学领域得到了广泛的应用。最典型的就是由大学-产业-政府（UIG）三者构成的创新驱动理论。Etzkowitz和Leydesdorff（1995）将三螺旋模型应用于知识经济领域，提出了有别于三元模型（Three Element Model）和国家创新体系（National Innovation System）等线性模型的三螺旋模型（Triple Helix Model），在其论文中详细指出三螺旋模型是指大学（U）、产业（I）、政府（G）构成的一种螺旋形模型，描述了“大学-产业-政府”三方在创新过程中相互作用、密切合作，却保持相对独立的创新模式，揭示了“基因型”特征的创新机制。此后，三螺旋模型作为创新机制研究的手段，被引用到了诸多领域。Eduardo Anselmo de Castro（2000）将三螺旋模型作为一种信息技术的创造性使用，应用在电机行业的研究中。Leydesdorff（2006）构建了知识创新体系的三重螺旋指标，在研究中指出当涉及三个选择环境时，为了可以在更复杂的动态环境下预期相互作用，需要在三个选择环境中指定新的三重螺旋模式：① 财富一代（行业）；② 新颖性生产（学术界）；③ 公共控制（政府）。Liana Kobzeva（2012）创建了俄罗斯区域创新生态系统的三螺旋模型，用以研究网络基础设施的发展情况。Maribel Guerrero（2016）研究位于新兴经济体内部的企业状况时，使用了三重螺旋模型研究了代理人对创业创新绩效的影响。

国内引进三螺旋模型是在2000年，之后形成了以方卫华、王成军和周春彦为代表的一批学者。方卫华（2003）在其研究中提出，三螺旋模型实际是代表了对创新系统中正在出现的制度结构的精确描述，并由此开启了对创新过程的动力学研究。周春彦（2006）翻译整理了Etzkowitz的相关著作，形成了国内比较系统的三螺旋模型理论。徐珏、于丽英（2010）基于案例研究的方法，从管理学的角度分析了三螺旋要素的演变。王建华（2010）以福建省LED产业为例，借助三螺旋模型研究了大学－产业－政府（UIG）在协同创新中需要注意的问题。牛盼强、谢富纪（2009）提出了四重螺旋结构，对第四螺旋进行了系统阐述。

1.4.2　三螺旋模型的结构特征

Etzkowitz最早提出了三螺旋模型的结构特征，我国学者叶鹰、范柏乃等在此基础上进一步对其进行总结，得出了三螺旋模型的基本结构特征：① 螺旋线相对独立；② 各螺旋之间相互影响；③ 三条螺旋线相互作用形成混生组织；④ 向外螺旋形成网络递归效应。三螺旋模型的结构特征，为研究CTP驱动产业系统低碳演化的螺旋结构特征提供了参考思路。

1.4.3　三螺旋理论的量化方法

三螺旋算法最早是由Leydesdorff提出，基于熵和shannon信息论中三维协同信息的协调度来计算，并于2000年最早将之运用于实证巴西与荷兰的创新机制方面。Leydesdorff和Zhou P，Khan G F，Kim M分别对中国和韩国的创新三螺旋进行实证研究，并提出基于科学计量来实现TH算法的实证。

梁潇（2008）在其研究中基于Leydesdorff提出的三螺旋算法，融合了复杂网络的计算，研究了大学－产业－政府（UIG）合作网络中节点的中心度。于珊（2013）借助Shannon信息论，基于Web of Science的数据，在国家层面对三螺旋模型进行了量化研究。叶鹰（2014）在三螺旋模型的量化研究中，提出可以使用协合度 T 作为量化三螺旋模型的有效指标，通过交互信息对 UIG 的交互作用进行不确定性测度，以反映 UIG 具体协同和合作的程度，其值为负，指向区域化，如果为正，则指向全球化。三螺旋理论的量化研究方法可以为 CTP 驱动产业系统低碳演化的机理分析提供最为有效的研究工具。

1.5 简要评述

现有文献对配额嵌入后产业系统产生的演化方式、演化机理和驱动因素等多个方面进行了研究，综合运用多种先进的科学计量分析方法进行了一系列的尝试，取得了诸多极具价值的研究成果。但是，现有研究未能深入产业系统内部，从根源上剖析产业系统低碳演化的内在机理，导致配额嵌入后产业系统低碳优化的政策引导缺乏足够的理论基石，从而使得构建科学的、可操作的产业系统可持续低碳优化缺乏深层次的理论支撑。而将产业系统与耗散结构理论和螺旋结构理论进行对接，借助熵减原理梳理产业系统优化的基本因素，借助螺旋理论阐明产业系统优化的驱动机理，则能够克服上述缺陷，且能够更好地体现能源依赖与碳配额约束瓶颈下的产业系统可持续发展要求。

螺旋结构理论尤其是三螺旋理论主要在创新机制研究方面得到了广泛应用，本书基于熵减原理，论述产业系统低碳演化的基本因素后，猜想 CTP 驱动产业系统熵减的具体方式符合螺旋结构特征，并将三螺旋理论引入配额嵌入后产业系统的低碳演化研究领域。基于此，需要解决以下问题：① CTP 作为产业系统低碳演化基本要素的论证；② CTP 驱动产业系统低碳研究的具体路径是否满足螺旋结构特征；③ 如何将熵理论结合科学计量工具论证 CTP 螺旋驱动产业系统低碳优化的路径。

根据现有研究发现，解决上述问题的方法：① 从熵减的“物质交换”和“外力做功”两种途径，引出 CTP 是产业系统低碳演化的基本要素；② 以技术偏向特征为切入点，可以阐述由技术进步偏向导致碳资源产业间流动，进而倒逼配额政策倾斜，又会进一步影响技术进步偏向特征的横向循环，同时以产业系统运行熵表征产业系统的纵向持续优化，论证 CTP 的螺旋驱动结构；③ 运用产业系统熵和相关计量工具实证 CTP 螺旋驱动产业系统低碳优化的路径或过程。

在碳配额即将全面实施的环境下，要使产业系统更快地适应碳配额约束，并实现可持续低碳优化运行，需要解决的另一个关键问题是如何借助 CTP 螺旋驱动的理论和实证研究，对配额嵌入后的产业系统低碳演化进行政策引导。根据现有研究，螺旋结构模型的实证结果将为区分配额嵌入后产业系统的不同演化状态特征提供依据，方便了进一步的政策引导。

综上所述，从产业系统的熵减角度论述产业系统低碳优化的路径，并结合螺旋驱动理论探讨产业系统的低碳演化，能够把握能源依赖与碳配额约束瓶颈下产业系统可持续发展的可实现性与有效性。

第 2 章　相关理论研究概述

2.1　产业系统理论

产业系统是由诸多相互作用的经济元组成的动态演化系统，其主体要素是各产业部门。产业系统的演进意味着系统内各产业部门间比例关系的变动。

2.1.1　产业系统演变规律概述

产业系统演进规律属于产业结构相关领域研究中的一个重要内容，产业结构的发展状况是衡量一个国家或地区经济发展水平的重要内在指标，也是衡量一个国家或地区经济可持续发展水平的重要内在指标。梳理产业结构的演变规律，并有效地促进产业结构及时而顺利地转变，对推动经济可持续发展起着关键性的作用。产业系统的演进主要在于揭示产业部门间结构变化的规律，主要包括配第 – 克拉克定理（Petty – Clark Theorem）、亚当·斯密（Adam Smith）的成本学说理论等产业理论，具体内容见表 2. 1。

表 2. 1　产业系统演进理论的部分代表人物、著作及其主要观点

理论类别	代表人物	代表著作	主要观点
配第 – 克拉克定理	威廉·配第	《政治算术》（1672）	描述了经济发展过程中，劳动力在产业部门间的流动趋势，并指出劳动力发生转移的主要原因是各产业间的收入差异
	克拉克	《经济发展条件》（1940）	

续表

理论类别	代表人物	代表著作	主要观点
霍夫曼定理	霍夫曼	《工业化阶段和类型》（1931）	对工业化进程中工业结构及其内部演变的规律进行了推算，认为随着工业化进程的推进霍夫曼比例不断下降
成本学说论	亚当·斯密	《国富论》（1768）	生产活动按照绝对成本高低进行分工，生产要素从低效率产业流向高效率产业，从而促进产业结构的优化
库兹涅茨分析理论	库兹涅茨	《国民收入及其进程》（1941）	采用国民收入和劳动力指标分析了国民生产总值与产业结构间的变化关系
标准产业结构理论	钱纳里	《工业化和经济增长的比较研究》（1986）	在库兹涅茨研究的基础上，将研究领域扩展到发展中国家，在全面分析产业结构变化影响因素的基础上，将产业结构公式化和数学化，揭示了人均 GNP 与产业结构间的关系

国外学者对产业系统演进的研究，一般借助描述性统计方法和计量方法，以国家为具体的分析单位，从经济增长的角度，探讨产业结构对其的影响，并重点分析产业内部结构的动态演变规律。

配第 - 克拉克定理（Petty - Clark Theorem）指出，在不同的经济发展阶段劳动力会在产业间转移，劳动力在工业社会会从第一产业逐渐转向第二产业，随着工业的进一步发展进入后工业时代时，劳动力又会从第二产业转向第三产业，其中产业间的收入差异是劳动力转移的重要因素。配第和克拉克在揭示产业结构的演化时，采用了劳动力指标，阐述了产业系统内部各产业间的就业带动效应，具有一定的理论借鉴意义。

库兹涅茨根据配第和克拉克的研究，在劳动力研究产业系统演变规律的基础上，引入了国民收入这个指标，深化了产业演变的研究，揭示了产业系结构的动态演变规律，并得出结论：① 农业部门，随着经济增长，其国民收入在整个国民收入中的占比会不断下降，本身劳动力资源的占比也不断下降，并且国民收入占比下降的幅度更大。② 工业部门，随着经济增长，其国民收入占比会不断上升，第一、三产业不会出现占比上升趋势。工业部门对经济增长的贡献一般较大，但劳动力容纳能力却不大。③ 服务部门，随着经济增长，其国民收入占比也呈现下降趋势，但劳动力占比会上升，且劳动力容纳能力超过了农业部门和工业部门。库兹涅茨的研究仅用了单一劳动力指标来衡量产业部门的资源配置情况，没有考虑如技术进步等其他要素对产业结构的影响。

钱纳里基于时间序列的计量分析得出了“标准的产业结构”。钱纳里的研究由于经济计量模型的假设条件苛刻，模型过于理想化，所以一般不能作为产业结构合理化的判别标准，但是其结论对产业结构的一般动态演变规律具有一定的借鉴意义。

综上所述，产业部门间的相对收入差异是产业部门间资源流动的重要原因，也是产业结构动态演化的根本原因，而产业部门劳动生产率的变动则是产业部门间收入差异产生的原因。第二产业，即工业部门的发展是不同国家或地区工业化进程中的必经阶段，对一定区域经济增长的贡献较大，发展中国家或地区要实现长期的经济增长，需要加强工业的快速发展，但是由于工业部门主要是制造业、采掘业和建筑业等，对于能源的需求，尤其是化石能源的需求较大，高能耗和高排放会产生环境外部性问题。实现经济增长和环境友好的关键是合理规划工业部门的产业结构并逐步推进产业升级。基于生产率视角分析，产业部门间劳动生产率差异的所有因素中，技术进步发挥着重要的作用。市场经济背景下，一个产业的技术进步速度与其生产率上升速度呈正比。

2.1.2 产业分类

为了有效地对产业进行管理，实现社会经济发展，按照产业部门的内涵特征和结构特征进行细致划分是十分有必要的。肖海平（2012）的研究指出，按照产业研究的不同目的，对产业的分类方法也不尽相同，概述现有文献可知，主要的产业分类方法包括三次产业分类法、两大部类分类法、两大领域分类法、国际标准产业分类法及资源密集度分类法等。其中，三次产业分类法是最常用的经济分析和产业结构分类方法。三次产业分类法被许多国家广泛采用，是一种有效的产业结构分析方法。经济学界普遍认为，三次产业分类法是英国经济学家费希尔提出的。

目前我国最新的产业划分是根据 GB/T 4754—2011《国民经济行业分类与代码》。这种划分是对 2003 年的 GB/T 4754—2002 进行的修订。该划分对原有的门类、大类、中类和小类都做了相应修改，同时为满足现阶段的经济发展需求，与经济全球化进行接轨，对纳入的不断涌现出来的新兴产业进行了分类。共设置了 23 个门类，99 个大类。与 GB/T 4754—2002 标准相比，调整后，第一产业为 4 个大类，第二产业为 4 个门类和 36 个大类，第三产业为 15 个门类（见表 2.2）。

表 2.2 中国的标准产业分类（GB/T 4754—2011）

第一产业	A	农、林、牧、渔业
第二产业	B	采矿业
	C	制造业
	D	电力、煤气及水的生产和供应业
	E	建筑业
第三产业	F	交通运输、仓储和邮政业
	G	信息传输、计算机服务和软件业
	H	批发和零售业
	I	住宿和餐饮业
	J	金融业
	K	房地产业
	L	租赁和商务服务业
	M	科学研究、技术服务和地质勘查业
	N	水利、环境和公共设施管理业

续表

第三产业	O	居民服务和其他服务业
	P	教育
	Q	卫生、体育和娱乐业
	R	文化、体育和娱乐业
	S	公共管理和社会组织
	T	国际组织

2.1.3 产业系统优化理论

产业系统优化是指在一定的时期内，在考虑产业结构调整、碳排放约束等条件下，根据产业系统的资本、劳动力、技术、能源、中间投入等生产要素的特点，通过对产业系统的动态调整，推动产业转型升级，实现经济效益、环境效益和社会效益均达优的产业高级化发展过程。这种产业结构的协调化需要通过政策的优化和制度的逐步完善，不断增强产业部门间的持续互动和优化均衡，形成科学的产业发展序列，使资源配置在产业间最优；而产业结构的高度化则是通过技术进步使得产业结构进行转换与升级，二者相互关联。

产业系统优化理论包括了产业结构调整理论和产业结构优化理论，产业结构优化理论是基于产业结构调整理论的进一步深化研究，产业系统优化理论主要包括二元结构理论、平衡增长理论、非平衡增长理论、主导产业扩散效应理论和两基准理论等，具体见表2.3。

表2.3　产业系统优化理论的部分代表人物及其著作和主要观点

理论类型	代表人物	著 作	所持观点
二元结构理论	伯克	《二元社会的经济学和经济政策》(1953)	认为印尼社会是一个典型的“二元结构社会”（资本主义社会以前的传统社会和殖民主义下的飞地经济），最早提出二元结构概念

续表

理论类型	代表人物	著 作	所持观点
二元结构理论	刘易斯	《劳动无限供给条件下的经济发展》(1953)	在劳动力无限供给的假设条件下，认为发展中国家存在自给自足的农业部门和生产率高的城市工业部门，从古典经济学角度分析了影响经济发展的各个因素
	费景汉和拉尼斯	《经济发展的一种理论》(1961)	一种从动态角度研究农业和工业均衡增长的二元结构理论，认为农业生产率提高而出现的农业剩余劳动力推动了劳动力的非农化转移
	希金斯	《经济发展》(1968)	从技术二元结构的角度，用生产函数的异质性表示原有部门和先进部门的区别，对发展中国家两种不同经济性质的部门间的技术状况、性质、特征进行了详细的描述
平衡增长理论	罗森斯坦·罗丹	《东欧和东南欧国家工业化的若干问题》(1943)	“大推动理论”是平衡增长理论中最典型的理论之一，认为在发展中国家或地区对经济的各个部门同时进行大规模投资，可以促进各个部门的平均增长，推动整个国民经济的高速增长和全面发展
	佩鲁	《经济空间：理论的应用》(1950)	“增长极理论”：一个国家要实现平衡发展只是一种理想，在现实中是不可能的，经济增长通常是从一个或数个“增长中心”逐渐向其他部门或地区传导，因此应选择特定的地理空间作为增长极，以带动经济发展
	纳克斯	《不发达国家的资本形成问题》(1953)	“贫困恶性循环理论”：资本匮乏是阻碍发展的关键因素；供给和需求都不足，需要同时投资每个产业部门
不平衡增长理论	汉斯·辛格	《经济发展机制》(1952)	“结构变动理论”：大多数劳动力集中在农业部门，而农业部门的平均收入低于社会平均水平，认为要发展经济就需调整产业结构
	赫希曼	《经济发展战略》(1958)	“最有效次序理论”：产业经济应先发展最能带动其他产业的部门

续表

理论类型	代表人物	著 作	所持观点
主导产业理论	罗斯托	《经济成长的过程》(1952)	率先使用非总量部门分析方法研究那些关键产业部门的快速增长的动力；提出了主导产业扩散效应理论和经济成长阶段理论
两基准理论	筱原三代平	《产业结构与投资分配》(1957)	提出产业结构规划的两个基准："需求收入弹性基准"与"生产率上升率基准"

（1）二元结构理论

二元结构概念最初是由伯克提出的，他只是根据印尼社会的现状，简单地对二元结构概念进行单纯描述；美国经济学家刘易斯在伯克提出的二元结构概念的基础上，古典主义框架下分析了农业剩余劳动力转移的二元经济发展思想，此后，费景汉、拉尼斯在考虑工农业两个部门平衡增长的基础上，从动态角度研究农业和工业均衡增长的二元结构理论，强调了农业部门的重要性，认为农业在工业部门发展中起到一定的作用，进一步完善了农业剩余劳动力转移的二元经济发展思想。另外，托达罗通过引入城市发展问题等因素，完善和修正了刘易斯的二元结构理论，没有考虑劳动力非农化转移中的阻碍因素的问题。之后，希金斯等对二元结构理论进行了进一步的拓展和研究。无论是伯克、刘易斯，还是费景汉、拉尼斯，抑或是希金斯，学者们都将农业部门的剩余劳动力转移视作人口红利，是工业化进程的必经之路，都认为产业结构的转变是国民经济最优发展的途径（王红，2011）。

（2）平衡增长理论与非平衡增长理论

按照产业结构的调整方向进行划分，产业系统优化理论的观点可以分为平衡增长理论和非平衡增长理论。平衡增长理论认为，投资推动经济发展时，应当平衡于各个产业部门之间。其代表性的理论主要包括罗森斯坦·罗丹（Rosenstein，1943）的大推动理论、佩鲁（Peru，1950）的增长极理论和纳克斯（Nurkse，

1953）的贫困恶性循环论。不平衡增长理论，主要是针对发展中国家提出的，主张发展中国家在投资时对产业部门应该有所选择，先发展一部分产业，然后通过制度、政策逐步带动其他产业部门的发展。不平衡增长理论的理论依据就是资源的稀缺性及最优配置。其主要理论成果包括汉斯·辛格（Singer Hans，1952）的结构变动理论、赫希曼（Hirschman，1958）的最优次序理论等。

（3）主导产业理论

主导产业理论是由美国著名经济学家罗斯托（Rostow）提出的。罗斯托指出，产业部门间的经济增长率各不相同，存在较大差异。国民经济的增长，主要依赖部分关键产业部门的快速增长。这些关键产业部门的高速增长，可以带动一个区域的整体经济增长。一个区域的经济要持续稳定地增长，首先资本积累率要达 10% 以上，还要有这些关键产业部门，即主导产业。主导产业是指具有高收入弹性、易吸纳先进技术和较强的联动作用等特征的新兴产业部门。首先，它的市场需求与发展潜力巨大；其次，新技术与新制度的引入较快；再者，发展迅速，能较快占领市场份额；最后，联动性强，能够带动周边产业部门共同发展。

（4）两基准理论

两基准理论中的“两个基准”是指日本著名经济学家筱源三代平提出的规划产业结构和“动态比较费用论”的两个基本准则——“需求收入弹性基准”与“生产率上升率基准”。需求收入弹性基准是指一个产业部门的需求与国民收入呈正相关性。筱源三代平认为，市场经济背景下，社会需求是推动产业发展的根本动力，产业结构变动则是产业系统转型升级的根本动力。产业部门的需求收入弹性指数，与其产品所带来的收入呈正相关性。需求收入弹性指标越大的产业部门，其产品将有更大的推动力，可以获取的利润也更多；生产率上升率的多少是指一个行业部门生产率增长速度的快与慢。在社会生产和扩大再生产中，一般来讲，技术进步速度较快的行业部门，其生产率增长也较快，生产成本则相对较少，这类部门得以迅速发展，在资源配置方面占有更多的优势，各类生产要素将不断流向该部门，使得该行业部门成为一个区域社会经济增长的主要动力。

上述所列产业系统优化理论，在产业结构优化方面表现各有不足，二元经济结构理论过于苛刻的假设条件和特殊的时代背景使得其不具有一般普适性；平衡增长理论则是将产业结构的优化过程看作是静态的，与实际产业结构动态演变的情况不符合；不平衡增长强调产业部门间资源的优化配置，寄希望于产业联动促进后发产业发展，而实际则有可能造成部门产业的垄断和结构失衡；主导产业扩散效应理论最终并没有明确提出产业结构转型升级的具体途径和措施；两基准理论没有分析产业结构升级的具体影响因素。

因此，在研究产业系统优化问题上，特别是碳市场交易机制的建立，使得碳资源成为稀缺性资源，如何结合资本、劳动力、技术进步、环境政策及碳资源等要素，对产业系统的低碳演化进行深入研究，梳理产业系统优化的基本因素，探讨产业系统优化的路劲，构建产业系统优化的机制，最终实现经济增长和环境友好的协调发展，是全球化绿色低碳发展背景下的大趋势。

2.2 碳排放、碳排放强度

2.2.1 碳排放的由来

温室气体中最主要的气体是二氧化碳，为了让民众更清楚地理解，可以用二氧化碳来代表，我们将温室气体排放总称为碳排放。二氧化碳在空气中含量并不高，但却产生了极大的影响。在工业化生产之前，人类活动较为简单，二氧化碳排放量少，保持了一定数值。但是工业化生产之后，人类活动快速增长，化石燃料过度使用，二氧化碳排放量急剧增加，据不完全统计，空气中的二氧化碳量有60%以上来自人类的活动排放。

《京都协定书》中，除二氧化碳外，还有其他气体划分到温室气体中，如甲烷、氧化氮等。不少学者为评估温室气体总量，将其他气体转换为相当的二氧化碳，称之为二氧化碳当量。由于其他温室气体的含量相比二氧化碳较少，本书关于碳排放的研究计算，为方便起见，除去了其他气体，仅为二氧化碳排放。

2.2.2　碳排放强度的提出

因碳减排与经济发展相矛盾，世界各国都在寻找一条适合自己国情的发展道路，碳排放强度就在这时被提出了。由于经济发展需要能源的消耗，实施碳减排就是要限制能源的使用，所以实施碳减排对任何国家都将造成一定的经济损失。《京都协定书》规定，相对于 1990 年，其附件 B 中的国家要在 2008—2012 年间平均减排 5% 左右，这极大地限制了发达国家的温室气体排放量，甚至会出现负排放等现象。我们知道，经济的持续增长要消耗化石能源，必然带来大量的温室气体排放。若按照《京都协定书》中的规定执行，附件 B 中的国家的经济必然受到重挫。所以，许多国家拒绝在《京都协定书》上签字，而美国只是象征性地签了字，没有将议定书提交国会审议。经过多次工业革命的发达国家，既有资金的保障，又有技术的支持，也不能在减排中做到经济的稳定发展，何况对于包括中国在内的发展中国家呢？所以，各国政府都在寻找经济发展与环境管理的平衡点。

在此背景下，由美国政府在 2002 年初提出温室气体排放强度减排，即单位 GDP 的温室气体排放量。只要能够预测出国家 GDP 和温室其他排放量，就可以算出相应的温室气体排放强度。该观点提出将经济发展与气候变化联系起来，以单位 GDP 的排放量为指标，替换总量控制的减排指标。该观点的提出得到了许多国家的支持，让更多国家参与到减排中来。

2.3　碳交易机制和碳配额

由于我国的基本国情，并受国际社会的话语权限制的情景，我国国内统一的碳排放权交易市场还需继续努力。但不可否认的是，与2005年初《京都协定书》刚刚生效时的情况相比，由最初大多数对碳市场概念的误解者和怀疑者到今天变成市场的参与者，由最初的各类机构持谨慎参与态度到今天略显盲目的投入，由最初各类媒体冷淡对待到现在主流媒体频频曝光，短短十来年，变化之大，即使对那些从一开始就坚定不移地参与碳市场的人们而言也是始料未及的。这些变化既是市场本身迅速发展造成的，也是发展的重要的推动力。

2.3.1 碳交易市场的兴起与发展

(1)《京都协定书》框架下的碳交易市场

1997年12月，《联合国气候变化框架公约》第3次缔约方会议在日本京都召开，并通过了《京都协定书》。《京都协定书》旨在控制温室气体排放量，减缓改善全球变暖。其中提出了三种灵活市场机制：JI，ET和CDM。JI和ET是指附件B中的国家之间的合作和交易，不在本书研究范围内；CDM是指附件B中的国家和非附件B中的国家为控制温室气体排放进行的合作和交易。这三种灵活的市场机制的实质是减少发达国家因履行减排义务而增加的投资成本。

按照交易方式不同，可以将碳排放权交易分为两种，一种是基于项目的碳减排交易，另一种是基于配额的碳排放权交易。《京都协定书》中的JI与CDM都属于基于项目的碳减排交易，它们是附件B中的国家与厂商为避免高额处罚，与其他国家或厂商进行合作，购买相应的碳排放权的等价物来抵消其未完成的减排指标。

基于配额的碳排放权交易，是指国家或厂商从管理者手中得到一定排放指标，在规定时间内完成该指标，若指标不够必须从其他国企或厂商购买剩余指标，若指标有剩余，可以通过管理者进行拍卖。那些有剩余指标的厂商，一般都是通过提高管理水平或技术进步等方式减少排放。这两种碳排放权交易的目的是一样的，希望国家与厂商通过提高管理水平或技术进步等方式减少温室气体的排放。

（2）EU-ETS 的创建及运行

为了防止气候变化达到危险性水平，人们必须将全球温室气体排放控制在一定范围内。实现这一目标则需给碳提供方一个最低成本并获取最大减排量的价格，而 EU-ETS 正是在这一基础上建立起来的。

EU-ETS 是由欧盟委员会提出并经欧盟成员国和欧盟议会通过相关法律规定的，具有以下四项基本原则："限制 - 贸易"机制、覆盖的商业部门被强制参与、包含很强的承诺框架、市场以欧盟为界。

2005 年，EU-ETS 正式运行。EU-ETS 的实施分为三个阶段。第一阶段：2005 年 1 月 1 日至 2007 年 12 月 31 日；第二阶段：2008 年 1 月 1 日至 2012 年 12 月 31 日；第三阶段：2013 年 1 月 1 日至 2020 年 12 月 31 日。

EU-ETS 的第一阶段是实验性阶段。这三年里，欧盟气候委员会边做边学，并成功地实施了碳价，制定了一系列制度，为第二阶段做好准备，打好基础。

欧盟委员会以"总量控制、负担均分"为原则，将二氧化碳排放量先配额到参与国，再由各国自行分配给相应的厂商。EU-ETS 第一阶段的国家配额见表 2. 4。

欧盟委员会规定，各参与国政府将不低于 95% 的指标免费分配给相关厂商，将剩余的不到 5% 的指标用于碳交易。欧盟对排放指标未完成的处罚由 2005 年的 20 欧元每吨二氧化碳排放量，到 2008 年涨至 100 欧元每吨二氧化碳排放量，可见欧盟执行碳减排措施的决心是相当的大。

EU-ETS 第二阶段规定实施的日期是 2008 年 1 月 1 日至 2012 年 12 月 31 日。经过了第一阶段的实验和准备，与第一阶段相比，EU-ETS 在配额等方面都有了改进。因为有了第一阶段奠定的基础，EU-ETS 在第二阶段的实施就相对成熟多了。相比第一阶段用于碳交易配额的 5%，第二阶段调至 6. 5%，共发放 22 亿吨碳排放配额，覆盖欧盟 46% 的二氧化碳排放。所有受排放管制的企业，在得到分配的排放配额后，可根据需要进行配额买卖。为确保 EU-ETS 有效，欧盟将超额排放处罚从 40 欧元提高到 100 欧元，远高于碳价格（最高 35 欧元），迫使管制企业不退出 EU-ETS。此外，欧盟还允许受管制的企业通过使用 CDM 机制的 CER 和 JI 机制的 EUA 来达到管制要求。参与 EU-ETS 第二阶段的国家达 26 个，具体见表 2.4。

表 2.4　EU-ETS 第一、二阶段国家配额

国家	京都目标（与基准年相比变化）/%	第一阶段（2005—2007 年）		第二阶段（2008—2012 年）	
		配额/（10^6 t CO_2e/a）	占 EU-ETS 百分比/%	配额/（10^6 t CO_2e/a）	占 ETS 百分比/%
奥地利	−13	33.0	1.4	32.3	1.5
比利时	−7.5	62.1	2.7	58.0	2.8
保加利亚	−8	42.3	1.8	42.3	2.0
塞浦路斯		5.7	0.2	5.2	0.3
捷克	−8	97.6	4.2	86.7	4.2
丹麦	21	33.5	1.4	24.5	1.2
爱沙尼亚	−8	19	0.8	11.8	0.6
芬兰	0	45.5	2.0	37.6	1.8
法国	0	156.5	6.8	132.0	6.3
德国	−21	499	21.7	451.5	21.6
希腊	+25	74.4	3.2	68.3	3.3
匈牙利	−6	31.3	1.4	19.5	0.9
爱尔兰	+13	22.3	1.0	22.3	1.1
意大利	−6.5	223.1	9.7	201.6	9.7
拉脱维亚	−8	4.6	0.2	3.4	0.2
立陶宛	−8	12.3	0.5	8.6	0.4
卢森堡	−28	3.4	0.1	2.5	0.1
马耳他		2.9	0.1	2.1	0.1
荷兰	−6	239.1	10.4	205.7	9.9
波兰	−6	95.3	4.1	86.3	4.1
葡萄牙	+27	38.9	1.7	34.8	1.7
罗马尼亚	−8	74.8	3.2	73.2	3.5
斯洛伐克	−8	30.5	1.3	32.5	1.6
斯洛法尼亚	−8	8.8	0.4	8.3	0.4
西班牙	+15	174.4	7.6	152.2	7.3

续表

国家	京都目标（与基准年相比变化）/%	第一阶段（2005—2007 年）		第二阶段（2008—2012 年）	
		配额/（10^6t CO_2e/a）	占 EU-ETS 百分比/%	配额/（10^6t CO_2e/a）	占 ETS 百分比/%
瑞典	+4	22.9	1.0	22.4	1.1
英国	−12	245.3	10.7	245.6	11.8
列支敦士登	−8				
总计		2298.5	100	2086.5	100

2.3.2　碳配额是碳交易机制发展的基础

碳配额全称碳排放权配额（Carbon Emission Permits），是指一定区域内，政府规定在一定时期内能源消费造成的温室气体排放总量，再以配额的形式将这个总量分配给各个排放单位使用。实际碳交易市场机制中，又将碳配额分为供给配额和需求配额，可以在碳市场中交易，以实现其经济价值。

目前，全球对碳减排责任形成了较为统一的认识，即共同但有区别的责任。关于气候公平理论的两大主流观点为“历史责任论”和“平等人权论”。学术界的现有研究中，对碳配额的分配原则，一般都从过程公平和结果公平两大角度提出。要满足所有公平性准则的一个具体实施的分配机制是不存在的，因此在确定碳排放配额具体分配方案的时候，相关管理部门首先需要对公平性有明确的认识，从而可以更好地辨析那些对碳排放的公平性特征有影响的因素。通过对“公平性”原则的大量文献搜索及综述，认为国内碳配额分配机制要做到公平性，至少需要考虑以下几个因素：

① 历史责任。按照“历史责任论”，经济发达的国家或地区，由于较早的工业化发展，其历史碳排放较“后起国家”大很多，所以其有义务对历史碳排放进行补偿，相应地承担更多的碳减排义务和责任。推广到产业系统，产业部门的碳减排历史责任可用各产业部门的人均历史累积碳排放指标来表示。

② 基本需求。制定的减排方案应该满足产业发展的基本需求，更重要的是考虑本身对碳消费依赖性较高的产业部门的利

益。按照这个前提，在制定产业系统初步碳减排责任的分配方案后，还应该考虑产业自身差异特征来进一步调整。

③ 个体平等。这条主要是针对地区碳排放而言，参照“平等人权论”，人人平等享有碳排放权和免于环境损害权的基本权利，在思考个体单位间平等机会与责任后再制定碳减排差别责任方案。

④ 技术水平。通过考虑各个产业部门的技术状况和减排能力再来制定减排方案。通常，产业部门技术水平和减排责任之间存在一些关系。

2.3.3 民间自愿碳交易市场

最早的自愿减排交易是在1989年，美国的AES电力公司通过在中美洲国家投资两百万美元种植五千万棵树来消减在美国境内新建的煤电厂排放的温室气体。环境报告不断出新，气候变化明显，公众关注度不断升温，国家与厂商的责任日益凸显，民间的自愿碳交易市场才得到了发展的机会。从2005年以前碳交易总量仅有6.8吨CO_2e，到2007年66吨CO_2e的交易量，再到2008年123吨CO_2e的交易量，可见自愿碳市场规模的迅速扩大及其带来的巨大发展潜力。

（1）自愿碳交易市场的分类

我们将民间自愿碳交易市场分为两类，一类是基于配额的碳交易市场，另一类是基于项目的碳交易市场。碳减排交易市场分布情况见表2.5。

表2.5 碳减排交易市场分布

类型	限量－交易	基准－交易
履约碳市场	EU-ETS 区域温室气体减排行动（RGGI）	CDM RGGI 碳抵消计划
自愿碳市场	芝加哥气候交易所（CCX）	厂商进行的碳抵消活动

根据消费者购买目的的不同，又可以将民间自愿碳市场分为抵消市场和非抵消市场。出于抵消二氧化碳、转售营利、厂商社

会责任、个人环保实践等方面的原因，政府、厂商、NGO、个人均会在自愿碳市场上购买CERs或核查减排量（VER）。注销是二氧化碳减排量的流通终点，是碳交易中重要的一环，非抵消市场上的二氧化碳减排量终将进入抵消市场，被购买并被注销。

（2）国内自愿碳交易市场

我国处于发展中国家，人均国内生产总值正逐渐增加，各行各业都在蓬勃发展，尤其是像汽车类的耐用品正快速增长。我国在环境保护上的法律不断完善，在哥本哈根大会上的碳减排承诺也增加了我国国内自愿减排的热度。

目前，我国参与排放交易的机构有二十几家，国家试点七家环境交易所，这七家交易所都在积极摸索碳减排方式，也提出了一些方式道路。

我国首个自愿减排标准于2009年由北京环境交易所推出，该标准被命名为“熊猫标准”（PS）。此标准满足了我国国内厂商与个人应对气候变化采取相应措施的需求，推动了我国自愿碳交易市场的发展，完善了碳交易机制。

七家试点交易所中，湖北碳排放权交易中心截至2015年7月是国内碳交易成交量最高的机构，达两千多万吨，价格为每吨二十至三十元。但目前的我国碳市场，卖家很多，但是买家偏少，其中以出于责任和环境意识的买家为主。

（3）国内自愿碳交易项目

全球资源碳交易项目，以北美洲为主，亚洲与拉丁美洲等也有不少参与。我国国内资源碳交易项目较少，厂商与民众参与度不够，下面罗列一些国内自愿减排项目。

我国第一笔自愿碳减排交易项目发生在2009年8月，由天平汽车保险股份有限公司购买北京奥运会期间北京绿色出行活动产生的8026吨CO_2e减排指标。2008年，我国民间组织合作会与美国环保协会等单位共同发起“绿色出行”行动，在奥运会单双号限行期间，北京市近百家单位部门及八万多群众共同参与，由清华大学交通研究所计算核证，共计减排近9000吨二氧化碳。

2009 年 11 月 17 日，上海济丰纸业包装股份有限公司通过天津排放权交易所购买厦门赫仕环境工程有限公司自愿减排的 6266 吨二氧化碳，抵消其在 2008 年 1 月至 2009 年 6 月产生的二氧化碳排放量。

2012 年，黄金标准委员会批准“叙永户用沼气黄金标准自愿减排项目”注册，此自愿减排项目于 2013 年和 2014 年获得减排量签发与交易 2000 吨。

2015 年 6 月 15 日，武汉鑫博茗科技发展有限公司通过湖北碳排放权交易中心签署协议，购买台湾石门山绿资本公司自愿减排的 8888 吨二氧化碳。

由于缺乏足够的减排动力，我国国内的自愿减排市场进程缓慢。有些厂商鉴于自身责任与公关形象，在一些机构的组织下参与了一些减排活动。然而，这种情况的减排势必走不长，我国需要制定一个长期而有效的发展机制。

2.4 本章小结

本章对产业系统、碳排放和碳排放强度、自愿减排市场、碳交易市场等进行了相关理论综述。

首先，通过对产业系统的分类、影响因素及优化理论的分析，我们发现，产业系统随着社会发展而不断演变着，产业系统能够表现出一定的规律。这说明利用产业系统的发展规律对产业系统进行优化，对达到我们需要的预期效果是可行的。

其次，通过对碳排放的分析发现，国际社会对碳减排已达成共识，但各国为了自身利益，通过各种方式以求在应对气候变化的同时，能够减少自身减排成本。目前，全球现行的碳交易市场主要是 EU-ETS 交易市场，该市场是以限制绝对量为目标的减排市场。

最后，通过对碳排放权交易市场的研究分析可知，我国要建立国内统一的碳排放权交易市场，一方面要借鉴国际社会现行市场的已有经验，另一方面还要寻找适合自身发展需要的碳减排市场。在国内外，人们对气候变化的认识日益全面，逐渐提高了减排意识，自愿减排项目也日渐壮大。

第 3 章　我国产业系统碳配额的发展趋势

2017 年底，全国开启统一碳排放交易市场。国家以 7 个试点地区的经验为基础，根据 2020 年排放峰值和“十三五”节能减排要求，以西部免费分配和东部引入有偿分配的结合方式，计算出碳排放总量及全国各地分解量。目前，各省市区正对重点排放行业厂商和历史碳排放量进行清点和核查，并开展培训人才等能力建设。

从碳交易试点的经验来看，有专家认为，现行的碳交易试点尚未完全反映碳价格，还没有做到碳资源的优化配置。同时，国家发改委相关专家建议，碳配额的初始分配应该采用标杆法，碳配额的制定需要与去产能相结合，以行业先进排放水平为标准确定分配额和交易，以此淘汰落后产能，促使产业升级。因此，这一章将重点分析我国产业系统碳配额的发展趋势。

3.1　我国区域碳配额与产业系统碳配额的关系

3.1.1　区域碳配额与产业系统碳配额的相关概念

碳配额是各个国家或地区一段时间内所积累的碳排放量。各国的碳配额是结合温室气体的大气目标浓度和温室气体衰减的大气自净能力，换算出全球各国或地区至目标年可排放的温室气体，并将控制排放的目标转化为碳排放配额并分配给下级政府和厂商，对该额度进行分配后即可自由交易。

区域碳配额是根据各行政区特点和行业分布特色，协调各区域经济增长碳排放的需求，目前，跨区域碳配额交易需求不断扩大。由于与各区域碳配额密切相关的经济现状、减排成本、技术支持等因素存在较大的差异和不均，分配额易引起分歧和争议。很多地方开始构建跨区域碳交易，将区域和区域之间的资源进行整合。美国早在2003年4月就创立了区域性强制减排组织，提出区域温室气体减排创新方案（Regional Greenhouse Gas Initiative, RGGI）。目前这个组织已经成功吸收了康涅狄克州、新泽西州、缅因州等十个州参与，主要针对电力减排。区域温室气体减排创新方案从2009年1月1日起开始实施，到2009年9月已经完成了五轮的碳排放配额拍卖，Carbon Point公司的数据显示，2009年RGGI占美国碳排放交易市场的份额将从一年前的1.4%扩大至5.8%。RGGI管制的厂商可以通过内部减排措施来实现减排目标，也可以通过拍卖来购买相应数量的RGAS（RGGI规定，各州至少要将25%的排放配额通过拍卖进行分配），还可以通过交易所市场购买相应数量的RGAS期货合约或期权合约来实现自己的减排指标。

产业系统碳配额则是依据产业结构划分不同产业所拥有的碳排放总量。在实践层面上，碳配额是直接分配到厂商，分配完成以后依然是厂商和厂商进行交易，但在概念上我们可以来比较哪个行业比较松，哪个行业比较紧。我国产业部门按照产业形成的时序和劳动对象的特点可以分为三次产业。我国的三次产业分配如下：第一产业：农、林、牧、渔业等；第二产业：采矿业，制造业，电力、燃气及水的生产和供应业、建筑业；第三产业：除了上述第一、第二产业以外的其他各业。

有学者指出，将能源消费和碳配额等与产业结构综合考虑，有利于揭示低碳经济发展产业因素。英国经济学家李维斯曾就产业结构对能效和能耗的影响做出相关论述，并提出了“二元经济结构理论”。李维斯认为，影响能耗变化的主要因素是产业结构变化。不同的产业部门间的劳动生产率及其增长速度不同，能源要素会流向劳动生产率高、增长速度快的产业部门，使得整个产业系统的总体能源效率得到提高，产业系统就会向着持续优化的方向发展。现如今，碳已经成为能源经济中的重要组成部分，形成了以碳配额为基础的交易市场，使之成为可供交易的商品。所以在碳市场中配额必然会向劳动生产率高或增长速度较快的部门转移。

3.1.2　区域碳配额向产业系统碳配额的过渡

按照全国碳市场建设工作的总体安排，2017年将启动全国碳市场，所以2016年需要完成配额方案的设计，这是2016年我国碳市场建设从试点走向全国过程中最为关键的任务之一。全国统一的碳市场成立在即，碳市场成立的核心要件就是碳配额的初始分配。但是，目前关于碳配额的初始分配一直是争论的焦点，其内容涉及区域碳配额和产业碳配额的区别与联系。特别地，碳配额分配方式所遵循原则的转变代表了统一碳市场成立后区域碳配额向产业碳配额过渡的趋势。区域碳配额侧重配额总量的分配，产业碳配额则是以免费配额为主，保障碳交易市场的公平有效运行。

碳市场建立的基础是碳配额的初始分配。从国际碳市场和国内试点经验看，配额的初始分配是碳市场成立初期能否平稳、有效运行的关键。2016年6月13日，国家发改委召开了改革专题会议，发改委副主任刘鹤同志特别强调：需要根据统一市场的特征，进一步细化碳配额分配的具体方法和程序，从而满足区域碳配额和产业配额的需求。

“一致性”的观点指出，统一碳市场要区分区域发展与碳市场功能之间的本质特征，不能把“共同但有区别的责任”原则用在碳市场，而是要保证在配额分配上采取全国统一标准，从而保障全国碳市场的公平性、一致性和稳定性。

“差异性”的观点则认为，我国地区增长路径具有较大的差异，对于部分经济发展和节能减排压力都较大的地区而言，高能耗、高排放企业往往对经济和财政的贡献都不小，因此在配额分配过程中需要适当考虑，避免短时间内增加较大的成本负担。事实上在部分试点地区已经采取了“差异化”的配额分配方式，例如广东碳市场再分配预留配额时，向发展任务较重的粤西北地区倾斜。而在6月13日国家发改委改革专题会上，刘鹤也指出碳配额分配方法要“考虑公平和效率、区域发展差异等问题”。

“灵活性”的观点则指出，除了上述两方面因素外，由于我国经济增长较快、产业结构变化较多，大部分地区仍处在工业化转型的过程中，因此需要预留相当大比例的配额以应对经济形势和政策目标的调整。

从现有国家公布的文件及相关文献来看，为全国统一碳市场的成立，国家在进行地区配额总量分配的过程中已经适当地考虑了地区间差异，因而在碳市场成立初期进行免费配额时，更应该注重产业部门的统一标准，而不再考虑地方偏向性。同时，地方政府对碳配额分配其实没有自主权，只能遵照执行，而配额总量的分配标准由国家统一制定。

从区域碳配额向产业碳配额的过渡，无疑是旨在兼顾地区差异和市场公平。这并不是表示区域碳配额就没有了，而是在总量分配时应充分考虑地区差异，在分配产业配额时按照统一标准免费配额，保障市场公平性。但值得注意的是，理论上这样的分配方式并不一定能够保证不同地区的企业在交易过程中的公平性。按照规定，地方配额总量扣除免费分配后的部分，可由地方政府通过拍卖或固定价格出售的方式进行有偿分配，有偿分配的方式和标准由地方确定。因此配额总量分配的地区偏向性便会导致各地区配额有偿分配成本的差异。

3.2　我国产业系统碳配额的基础条件

3.2.1　我国碳交易试点的配额方法梳理

我国的7个碳排放交易试点经过7年的试行，各个试点摸索了适应本地区特征的碳配额分配方式。目前关于各个试点省（市）关于碳配额的分配方式也逐渐形成了较为统一的总体分配方法，具体可以概述为如下几类。

（1）免费配额法

设计总量控制下的碳配额交易制度需要考虑各个方面，包括选择的覆盖参与者、碳排放总量、碳配额初始分配方法、监管和认证程序、奖惩机制设定等，其中碳配额初始分配方法是免费配额法的重点和难点，不同分配方法的选择将影响交易效率的实现。

本章重点阐述免费配额的阶段性特征和步骤。

从表面上看，出售分配方法使厂商支付了成本，免费配额法不需要厂商支出成本，因此，出售分配方法更能激励厂商减排。然而，如此便忽略了厂商的机会成本。当厂商的减排成本比市场交易价格低时，厂商可将减排后的多余配额出售并从中获利，由此可见，免费配额法也可以达到减排的效果。

免费配额法使厂商能无偿获得排放配额，还可利用剩余的配额在市场上交易获得额外收益，因此，免费配额法更易于为厂商接受，方便推行。另外，由于各国的碳排放制度和发展存在差异，如果竞争对手不用支付排放成本，那么对于国际市场环境中的我国厂商将在竞争中处于劣势，然而免费配额法便不会造成这一情况。

但是，免费配额法也存在相应的缺点。免费配额的多少关系着厂商的直接利益，很可能会出现部分利益集团通过政策制定者制定有利于自身的条款或制度，从而造成社会损失。

（2）历史法与基准线法相结合

历史法和基准线法是免费配额分配方式中最具代表性的。在碳交易体系的建立初期一般采用历史法。历史法以厂商过去三至五年间的碳排放数据的平均值为依据来进行分配。历史法简单易操作，但是容易忽略了厂商在体系开始前已开始采取减排行为，或者在体系施行后厂商会在市场影响下进一步减排等因素。因此，历史法不利于厂商的进一步节能减排。历史法在现行的碳排放交易体系中已经得到了运用，东京京都碳交易体系以历史法为依据进行配额分配。欧洲碳排放交易体系前两个阶段的绝大部分成员国也采用历史法。所以，在我国碳排放交易市场建立的初期，采用历史法对碳配额进行免费分配是可以借鉴的、比较成熟的经验。

基准线法则使减排效益好的厂商获得较大利益。基准线法将相同产品的不同厂商的单位排放从小到大排序，以前 10%（比例不固定，也可为行业平均值）为基准线，配额就为产量与基准线的积。于是，单位产品碳排放低于基准线的厂家就可以将获得的超额配额在市场上出售，高于基准线的厂家成为买家，从而减排绩效好的厂家便从中获得了利益（见图 3.1）。欧洲碳排放交易体系从第三阶段开始运用基准线法，加州碳交易市场的免费配额也采用了这种方法。但是，基准线法对数据的要求比较复杂，为了使单位产品碳排放具有可比性，产品划分必须十分细致。那么，生产多种产品的厂商或设备必须将每一种产品的碳排放量分别计算。由于行业产品分类纷繁复杂，基准线的制定就变得非常困难。

基于历史法和基线法都存在各自的不足，Bohringer 和 lange（2005）提出利用历史法和产出的混合法进行免费分配，而以产出为基础的分配其实就是基准线法。我国学者也曾提出这样的混合方法，以厂商减排效益为标准予以一定的减排奖励。这就是历史法与基准线法的混合运用，即“历史基准线混合法”，既考虑厂商的历史排放量，又给厂商相应的激励。目前，我国的 7 个试点省（市）均采用基于这种“历史基准线混合法”来实施碳配额分配。

（3）事前分配与事后调节相结合

目前，我国的 7 个碳交易试点省（市）均采用事前分配与事后调节相结合的方式。减排目标通过先确定全国减排任务，再结合区域经济发展和产业特点的方式来设定。减排目标需要严格控制碳排放总量，还要确定减排的阶段性、行业和分担比例。我国在初始分配中参照欧盟碳交易体系，先进行免费配额分配，再逐渐加大有偿配额的比例，分解强制减排的推行阻力，最终实现所有配额的有偿化。

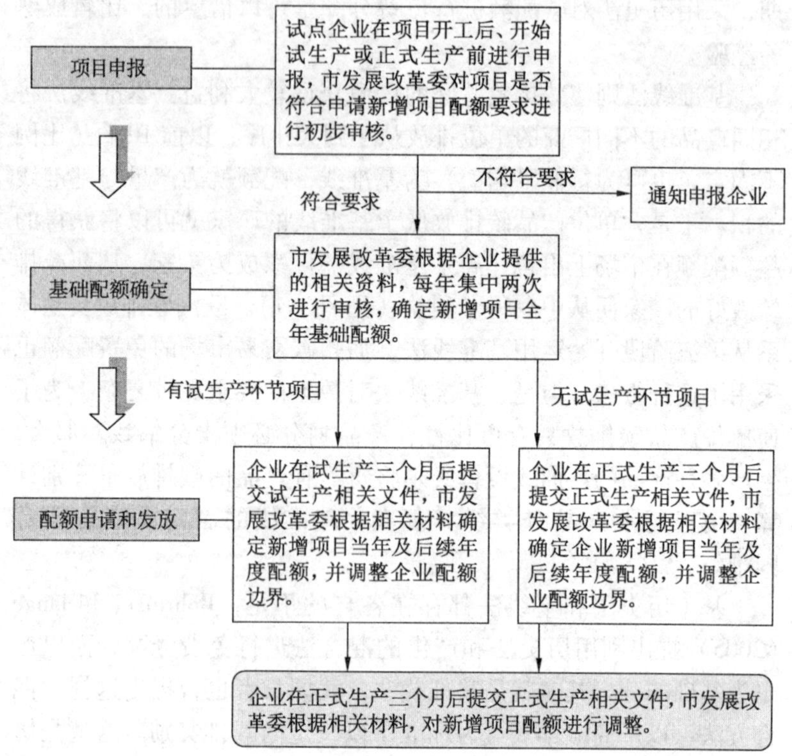

图 3.1　初次碳配额后新增项目的碳配额调整

碳配额的有偿分配应建立相应的碳交易检测和惩罚体制机制。只有加强碳排放额的核定和管控才能推动强制碳交易市场的运行。为提高主体的主观能动性，有效发挥市场发现价格的功能，在市场构建初期，监管机构要对碳检测流程和排放量计算方法进行规定，并实行信息公开。同时，要有强有力的手段对未能履行减排义务的厂商实施惩罚措施，可对超排厂商追加罚款，罚款须高于碳交易市场上的碳价格。

3.2.2　我国碳交易试点实施碳配额相关产业的特征分析

2013 年，我国在北京、天津、上海、重庆、广东、湖北、深圳共 7 个省（市）开展了碳交易试点。以广东为例，百万台机组每千瓦时电二氧化碳排放限额是 825 克。海门电厂有关负责人说，电厂建设之初的环保设施投入占工程总投资的 12%，达 16.4 亿元。近三年加大投入后，每千瓦时电实际排放量比限额少 50 克，2015 年碳交易收入达到 2000 多万元。

据北京理工大学能源与环境政策研究中心副教授王科分析，7 个碳交易市场试点的政策制定的不同和被选择的行业或企业的经济基础条件的不同，使得各试点的交易活跃程度存在一定的差异。广东、深圳、湖北的相关配套法规、政策比较健全，相对交易量较大，第二期交易已经基本履约。但试点市场的价格还不能反映目前的减排成本，各地的碳排放配额也不能在地区之间流动和重新分配，因此资源优化配置作用不能有效发挥。

在 2015 年联合国气候大会召开前，我国向全球公开提出将于 2017 年启动并建立统一的全国碳排放交易体系，初始阶段将涵盖化工、钢铁、石化、建材、造纸、有色、航空、电力等重点排放行业。日前，海南省相关部门数次召集上述相关行业负责人进行研讨，开展数据采集等工作。湖南省相关部门也相继召开参与了建设全国碳排放交易市场的工作布置会，筛选出两百多家厂商，并组织第三方对厂商填报的温室气体排放数据进行核查。为了应对这一战略性的决策，大多数省份（如河南、山东、江西、贵州、广西和山西等省份）针对自身现状，纷纷对相关指标进行综合建设和有效整顿。

王科指出，全国统一碳交易体制的顶层设计可能会较多借鉴深圳、广东、湖北的经验。在碳配额的制定中需要考虑产能在不同区域之间会有转移，否则会造成不公平现象的出现。现在的配额核定中更多地参考了历史排放水平，下一步应该考虑采用标杆法。业内人士预测，碳排放市场启动后将覆盖 1 万家厂商，涉及

40亿~45亿吨碳排放。到2020年，衍生品市场建立后，碳市场规模有望达到500亿元，甚至千亿元级别。

我国已有7个碳交易试点。当碳交易市场建成后，从执行角度不可能将所有的厂商都纳入市场，要考虑排放量大小、市场反应程度、行业需求量大小效率、为总体目标做出贡献大小、行业能力等因素。表3.1为我国已经完成或正在执行履约任务试点情况，大多为能源产业、内燃机功率在20 MW以上的厂商，并设置了纳入门槛。

表3.1　2015年各试点纳入企业情况

试点省（市）	纳入行业	纳入阀值	单位数量
北京	电力、热力、水泥、石化、其他工业和服务业	≥10000	490
上海	工业行业：钢铁、石化、化工、有色、电力、建材、纺织、造纸、橡胶、化纤；非工业行业：航空、港口、机场、铁路、商业、宾馆、金融	工业行业：≥20000；非工业行业：≥10000	191
天津	电力、热力、钢铁、化工、石化、油气开采	≥20000	114
重庆	电力、电解铝、铁合金、电石、烧碱、水泥、钢铁	≥20000	242
深圳	电力、水务及电子设备制造业等26个工业行业、建筑	企业：≥3000；大型公共建筑及10000 m^2以上的国家机关办公建筑	工业企业：635；建筑：197
广东	电力、水泥、钢铁、石化	工业行业：≥10000；宾馆、饭店、金融、商贸、公共机构等单位：≥10000	242（含40家新建企业）

续表

试点省（市）	纳入行业	纳入阀值	单位数量
湖北	电力、热力、钢铁、水泥、化工、石化、玻璃及其他建材、化纤、造纸、医药、食品饮料、汽车和其他设备制造、有色金属和其他金属制品	综合能源消费量 6 万吨标准煤及以上	138

为实现全球长期减排目标，2009 年，在哥本哈根召开的《联合国气候变化框架公约》缔约方会议上，中国提出：2020 年其碳排放强度将在 2005 年的基础上下降 40% ~45%。但是在我国各省的能源消耗结构中，煤炭占比很高，在 60% 以上，而我国在工业化和城镇化发展过程中对能源的需求又是刚性的。经济发展水平的提高，必然伴随着低碳发展经济代价的提高。因此，当下要积极转变生产方式，走新型工业化道路，不断提高能源的使用效率。为显著降低我国的碳排放量，要用洗煤、柴油、天然气、水电、风电和核电等替代原煤、煤炭、化石能源；也可将去产能和配额制定结合起来，采用标杆法，用行业先进排放水平来确定配额分配和交易，才能淘汰落后产能，促进产业升级。事实上，一些厂商和金融机构早已行动起来。厂商作为碳交易市场主体的重要性将越来越明显。目前国内电力、石化等领域的厂商已经做了系统的工作。2008 年北京中山公园音乐堂认购自愿减排量，抵减 2008 年《打开艺术之门》系列演出过程中排放的温室气体。2009 年 11 月 17 日，上海济丰纸业包装股份有限公司在自愿碳标准（VCS）APX 登记处注销 6266 吨自愿减排单位，抵消上海济丰自 2008 年以来一年半内产生的碳排放量，并向厦门赫仕环境工程有限公司支付相应对价。2008 年 10 月，三家中国厂商（包括中国移动）宣布加入非营利的“气候集团”，该集团获得西方大型厂商支持。到 2020 年，中国移动预计将自己的经营活动能源强度减低 40%。在全国范围内进行碳配额，要引进核证自愿减排量（CCER）机制实现碳综合，鼓励省际碳减排的合作，用低碳能源

替代高碳能源，降低减排成本。

国外有学者认为控制环境污染的有效方法之一就是合理分配和交易碳配额。但是有学者指出，碳配额分配虽然能减排，但其成本不是最低的。后来的研究认为，碳排放配额分配的均衡会受到不完全竞争的产品市场和碳排放交易市场的影响。当市场内所有厂商边际成本相等时，减排成本才是最低的；当具有市场力量的厂商得到的碳排放配额与其所需不相等时，减排成本就不是最低的。

3.2.3 碳配额实施相关的产业政策梳理

2016 年是全国统一碳市场进入启动前的“备战冲刺期”。有关部门正在设计全国统一碳排放交易市场机制及配套实施细则。在碳排放权交易管理条例送审的同时，全国碳排放交易体系中的配额分配政策也在酝酿中，计划于 2017 年出台并实施。从目前的思路来看，相关部门将在总结 7 个试点地区经验的基础上，重新出一套顶层设计。根据“十三五”节能减排目标和 2020 年排放峰值的要求，估算出碳排放总量并分解至各地，预计西部以免费分配为主，东部会引入部分有偿分配。按照要求，目前各省份正在“摸家底”，进行培训人才等能力建设并核定重点排放行业厂商名单和历史碳排放数据。

业内人士认为，目前碳交易试点没有真正发挥价格发现功能，尚未有效发挥资源优化配置作用。有人建议将配额制定和去产能结合起来，同时考虑采用标杆法，以行业先进排放水平来确定配额分配和交易，这样才能达到淘汰落后产能和产业升级的目的。2015 年 12 月联合国气候大会召开前，中国明确提出，计划于 2017 年启动全国碳排放交易体系，第一阶段将涵盖石化、化工、建材、钢铁、有色、造纸、电力、航空等重点排放厂商。目前，海南数次召集上述厂商人士开会讨论，正在进行数据采集等工作。湖南近期也召开参与全国碳排放交易市场建设工作布置会，筛选出 239 家厂商，在厂商在线填报温室气体排放数据的同时，还组织第三方核查机构核查厂商填报的碳排放情况是否属实。广西、江西、贵州、河南、陕西等地也纷纷向深圳、广东等试点地区取经，密集进行各项能力建设。专家认为："全国统一碳交易体制的顶层设计，可能会更多地借鉴深圳、广东、湖北的经验。当前去产能的大背景下，产能在不同区域之间会有转移，在碳配额的制定中要考虑这个问题，不然可能造成比较明显的不公平。"

按照目前的思路，全国碳市场采用两级分工的模式，也就是中央层面确定排放总量和配额分配方法，省一级层面管具体分配、履约监管，除了新能源汽车以外，各省对免费配额的分配保留一定权力。目前配额免费分配采用基准线和历史的强度下降法两种方法，主要以现货为主。据透露，经过前期摸家底和能力建设，2016 年 10 月国家发改委将启动全国碳市场的碳排放配额分配工作，到 2017 年的一季度或者二季度即可完成，启动运行。2020 年以后是全国碳市场的第二阶段，即完善和拓展阶段，扩大参与厂商范围和交易产品，发展多元化交易模式。"纳管范围扩大到八大行业之外，门槛降低到年消费标准煤 5000 吨。同时我们正在跟相关部门积极研究，启动碳税的前期准备工作，这意味着没有加入碳排放权交易的厂商也要征收碳税。"蒋兆理透露，希望到 2020 年以后免费配额分配都采用基准线法，而且期货交易的品种也进入碳市场。

3.3　基于国际经验的我国产业系统碳配额预期问题分析

在全球气候变暖的大背景下，低碳经济得到越来越多的重视和发展，已经从科学论证向实际行动转向。欧美等发达国家在碳经济发展方面积累了许多成功经验。通过比较分析发达国家的低碳经济策略和经验，能够为中国低碳经济发展提供经验借鉴。

目前，全球碳排放交易市场配额分配主要采用免费、拍卖、政府固定价格购买等方式，免费和拍卖分配的方式已经积累了丰富的实践经验。欧盟温室气体排放交易市场于 2005 年启动，其免费配额分配采用了以历史排放量为基础的“祖父法”；美国区域温室气体减排行动采用了“拍卖法”；澳大利亚则借鉴欧盟和美国配额分配方式的利弊，采用“固定价格购买法”；新西兰采取混合配额法的新方式。澳大利亚和新西兰采用了新办法，说明当前的国际碳交易市场仍处在实践学习阶段。以上国家和地区的碳交易市场配额分配方法将对我国具有重要的借鉴和启发意义。

3.3.1 欧盟：“祖父法”免费配额发放

欧盟各成员国虽处在欧盟碳交易市场的同一管理下，但是仍具有自主权。各成员国结合本国实际，制订“国家排放配额分配计划”，确定本国的排放量、参与主体的排放限额等。“祖父法”用于配额的免费发放，厂商的配额总量以历史排放水平为基准。欧盟温室气体交易市场在第一、二阶段使用的分配方法便是“祖父法”，欧盟统一规定市场参与主体的排放总量和一国的排放总量，同时，各成员国还可以制订“排放配额分配计划”（经欧盟批准后生效）确定本国市场主体的碳汇信用，用来抵充排放责任。“祖父法”免费发放配额提高了市场主体参与交易的积极性。“祖父法”以市场主体的历史排放水平为基准，因此，各个主体获得的配额总量能够满足其生产需求，不会给厂商的经营带来较大影响。一旦厂商降低排放，就有权将多余的配额进行转让或出售，以获得额外利益，充分享受碳排放市场的灵活性。因此，在市场建立初期，“祖父法”成为政策制定者和市场主体最易接受的配额发放方式，有效避免了初期实践过程中对经济的冲击。

以上是“祖父法”的优点。欧盟在近 8 年的实践中，该方法的缺点也逐渐显露。各成员国制订“排放配额分配计划”时，排放总量由厂商报送，出于对本国厂商的保护，数据的核算和统计较为宽松。同时，由于市场建立初期数据统计仓促、体制机制不健全、配额分配方式分权化等原因，致使欧盟排放市场配额过剩、交易价格低，剩余配额高达 9.5 亿吨，相当于欧盟碳排放市场半年的总量。

“祖父法”的公平和效益也遭到质疑。首先，“祖父法”以市场主体的历史排放量为基准，排放越多配额越多，厂商减排后，导致配额越来越少。因此，“祖父法”不免具有否定厂商自主减排努力、鼓励高排放的嫌疑。其次，不同行业的排放总量占比不同，减排潜力不同，而“祖父法”不能体现各个行业的差异性，无法调动各行各业的减排积极性，难以更好地配置资源。第三，新进的市场主体往往使用的是高新的减排技术和手段，“祖父法”使这一群体获得配额变得更难，不利于市场主体积极性的激发。第四，免费配额不符合谁污染谁付费的原则，也不利于具有市场价值的配额流向低碳产业，将阻碍低碳节能技术的研发和推广。

欧洲委员会在初期市场实践的经验基础上，于 2009 年对碳排放市场法律政策进行了修订。在第三阶段，欧盟将收回各国的自主权，实行一体化排放总量制定。扩大交易市场范围，将航空业纳入其中，限制碳汇信用的可抵充数量，前一阶段的额度在第三阶段不可使用。同时，还规定了配额分配“祖父法”向拍卖法转变的具体时间。

3.3.2　美国：拍卖配额发放法

拍卖法就是政府定期对配额进行拍卖，出价最高者获得排放配额。拍卖法弥补了“祖父法”的缺点，使碳排放市场配置减排资源的作用得到有效发挥。目前，拍卖法主要在“美国区域温室气体减排行动”中得到运用。

在市场建立初期，采用“祖父法”确定配额数量，有利于鼓励厂商积极参与，但容易产生配额分配过多、区域排放总量无法完成的问题，不利于稳定厂商的预期，不确定性较大。政府往往在后期从上而下对配额总量进行调整，“祖父法”结合拍卖法提供更为稳定的分配政策，既稳定了市场主体的预期，又合理安排了碳排放。拍卖法能更好地解决“祖父法”否定厂商自主减排努力、鼓励高排放的问题，有利于社会资本向减排技术研发推广的流动，规则简单，清晰明确，更为公平有效。由于减排可降低购买配额的成本，拍卖法能有效激励厂商节能减排的主动性和积极性，推动新技术的运用，提高能源效率，促进节能减排，市场的新进主体也能获得相对公平的市场竞争环境。拍卖法使政府获得一部分收入，可用此支援不发达地区的减排，或增加减排技术研发和应用的投入，或支援参与国际竞争的排放密集型行业，或减轻低收入家庭因能源价格上涨所带来的生活负担。

根据“美国区域温室气体减排行动”中拍卖法的实践经验，拍卖价格更真实地反映了厂商对于排放配额的需求和排放成本，为减排资源的优化配置起到了指导作用。同时，拍卖收入能够用来提升能源效率，研发新技术，减轻低收入家庭的额外能源支出，促进了生产和消费减排双管齐下。然而，配额拍卖法也存在缺点。不同行业的排放额及减排能力存在巨大差异，拍卖法的全覆盖将会导致行业和市场主体间缺乏公平。配额交易市场容易被实力雄厚的厂商或行业垄断，导致中小型厂商或行业处于弱势地位。为防止垄断，市场建立初期必须对各个行业和市场主体的排放总量和减排能力进行调查和统计。

综上所述，碳排放交易市场建立初期需要解决形成合理的市场价格及市场作用的发挥等问题，而拍卖法可作为“祖父法”的补充，分层次、分阶段、分行业来逐渐实现配额的合理分配。目前，一些新兴的碳交易市场在设立时，将政府定价或分行业设置配额的方法逐步推进市场化，使碳排放交易市场发挥其应有的作用。

3.3.3 澳大利亚：固定价格购买配额法

2012 年 7 月 1 日起，澳大利亚开始正式实施碳定价计划，其中：二氧化碳排放权价格在 2012 年至 2015 年为固定价格，2015 年后过渡到市场交易价格。在固定价格时期，配额价格年均增长 2.5%（澳大利亚央行公布的通货膨胀率预期值的中位值），由 2012—2013 年的每吨 23 澳元逐渐上涨到 2013—2014 年的每吨 24.15 澳元，并最终定位于 2014—2015 年的每吨 25.4 澳元。固定价格期内，除政府发放的少量免费额度外，参与主体需要根据其在执行年度内的排放总量向政府购买超出部分的排放权额度。固定价格时期，厂商所获免费配额不能储存，但可以在执行年度的核准日期前进行减排抵充，或者按当年的固定价格进行交易。厂商向政府购买的排放权额度不能上市交易，且不能进行储存供日后使用。2015 年 7 月 1 日以后为市场定价时期，碳排放权价格将主要由市场交易决定。但为了避免交易价格的剧烈波动和对厂商产生过于严重的影响，在市场交易决定价格开始后的前 3 年，排放权价格设有相应的浮动区间，价格上限为 2015—2016 年预期国际价格基础之上加 20 澳元（实际执行时将以 5% 的年增长率递增），价格下限为 15 澳元（实际执行时将以 4% 的年增长率递增）。澳大利亚的碳配额分配方式，充分汲取了欧盟碳交易市场实践中碳价格大起大落、剧烈波动的教训，采取了一种“循序渐进、逐步市场化”的策略。三年固定市场价格、三年设定市场价格浮动区间、最后再过渡到完全由市场决定价格的做法，有利于逐步形成稳定的价格信号和各方参与主体的合理预期，不仅使得厂商有足够的时间来调整和适应，还可以有效促进资金和技术等各方资源流向减排领域。

3.3.4　新西兰：混合式配额分配法

新西兰的温室气体排放交易市场采用了混合发放配额的方式，其主要特点是考虑了各个行业的差异，试图引导各类资源流向减排贡献率高的行业。2008 年，新西兰通过气候变化应对法案（修正案），确定建立本国的温室气体排放交易市场，并规定了相应的配额分配方式。法案覆盖了新西兰所有行业和京都议定书的附件中所列举的六种温室气体，但考虑到各个行业在温室气体排放量及经济总量的比重存在着明显的差异，不同行业在排放交易市场中将承担有区别的责任。交易市场的覆盖范围以行业为基础逐步扩大，开始只覆盖林业、能源、渔业、工业和液体燃料行业，2013 年再扩展到合成气体和废物处理行业。由于农业在新西兰的出口乃至整体经济中占据着举足轻重的作用，因此，来自农业的生物排放纳入交易市场的计划被无限期推迟。在配额发放的方式上，对不同的行业和各行业内部均制定了相应的分配方式和分配额度。为了减少排放交易市场对碳密集型出口工业、渔业和林业的影响，上述三个部门将获得政府发放的免费配额；对于绝大多数的工业生产部门，其所需配额则通过从市场购买，或者以每吨 25 新西兰元的价格从政府手中购买。

新西兰对于不同行业配额发放的确定主要基于两方面的考虑：① 部门所占经济总量和排放总量比重的高低；② 行业是否面临国际竞争的较大压力。以林业部门为例，由于林业部门在国内经济所占权重较高，并且林业是新西兰减缓气候变化战略的重要组成部分，所以林业部门在排放交易的设立初期即被纳入排放交易市场。在新西兰排放交易市场中，单一行业内部可能同时存在配额的免费发放、配额购买和配额抵充的情形。

3.3.5 基于国际经验的碳配额问题及启示

通过上述对欧盟、美国等国家地区碳排放配额分配的分析和总结，可得出如下结论。

（1）配额分配方法各有优劣

不存在一劳永逸的最优秀的分配方法，每一种方法都有各自的优缺点。例如，“祖父法”虽然易于接受和推行，对经济社会的冲击较小，但易导致不公平和效率低下的情况。同时，免费发放有可能造成配额过多、价格过低的情况，使得碳交易市场的价格失灵，无法发挥减排节能作用。拍卖配额法公平有效，有利于市场作用的发挥，但推行阻力较大，大部分厂商不愿意出钱购买配额，还易产生强势行业和垄断行为。固定价格购买法有利于稳定价格，避免价格波动太大，还可为减排吸引各类资源，但固定价格的合理确立却是难题，也难以保证固定价格能顺利过渡到市场价格。新西兰采用的混合式方法吸取了前面几种方式的优点，也避免了对地区行业的冲击，然而这种方法实施过程过于复杂，难度较大，对管理机构、监督能力、执行能力有很大的考验。

（2）配额分配需注重实际条件及政策意图

根据上文的分析，每一种配额方法都各有优劣，没有能够一劳永逸、适合所有国家和地区的配额分配方式。因此，各个国家和地区在建立碳排放交易市场时，需要综合考虑本区域的实际情况和政策意图，因地制宜、结合实际，选择适合自己的分配方式，也可对分配方式进行创新，以期最大化地促进本区域的经济社会和节能减排的发展。建立碳交易市场不仅仅要结合自己的发展现状、经济结构、资源使用、重点产业、未来发展战略等情况，形成适合自身发展的配额分配方式，还需要在交易市场施行过程中随时调整和创新，促进市场不断优化。

（3）配额分配利益平衡的结果

尽管没有放之四海而皆准的分配方式，但各个国家和地区在设定分配方式时所依据的目标和原则还是有章可循的，就是要充分发挥交易市场作用来优化资源配置、减少排放成本、促进节能减排。碳交易市场的价值也在于此，各个国家和地区都是围绕这一目的，从可操作性、稳定性、流动性、效益、公平等各方面制定适合本区域的分配方式的。因此，相关政策和分配方式的制定和实施需要以此为标准，在此基础之上再综合考虑各种现实情况。在建立市场时，政策的可操作性、接受性就十分重要，在市场运行时，其效益和公平的关注度最高，还要保持市场的稳定和流动。不同的分配方式适合不同的情况，要注意侧重和平衡，选择最合理的方式来达到建立市场的根本目标。

综上所述，根据国际碳交易市场的经验，我国在碳交易试点区域分配方式上遇到的难题可以通过结合实际，不断创新和完善的方式解决。以政府为主导，采用科学合理的方法，纳入多方参与，公平公正，为我国碳交易市场的全面实行奠定良好的基础。

3.4　本章小结

我国对于区域碳配额采取“区别对待”的方式。由于东部地区工业化、城市化完成度较好，人民生活水平较高，第三产业的占比超出了第一、第二产业，生产从能源密集的工业向知识密集的金融和高新技术产业转变。因此，对于生产力较为先进的东部实行有偿配额形式，对于中西部地区采取免费配额的形式。此外，除了区域与区域之间外，国家选择在北京、广州、上海等7个第二、第三产业发展都比较成熟的大城市进行试点，总结出经验后，再向周边城市进行辐射，周边城市可借鉴试点经验，结合实际，推进交易市场的建立和发展。

随着国内碳经济的进一步发展，碳排放配额的政策和机制的越来越成熟，国家的碳排放配额最终会以一个较为合理的方式自上而下地分配到各个厂商中，然后以行业杠杆一步一步推动低碳经济的发展，逐步淘汰那些产能过剩的厂商，最终在产业内部形成链条。因此，就目前的情况而言，要发展好我国产业系统碳配额，就要先汲取国外这么多年碳排放配额的发展经验，再与本国试点总结出来的经验相结合，最终形成一个具有中国特色的碳配额机制。除此之外，厂商作为碳经济直接主体，要主动承担发展低碳经济的责任，积极完成碳排放配额，不断进行产业结构升级。以一个厂商的进步带动整个行业的进步，进而带动一个区域的低碳经济发展。

碳排放交易市场虽已建立，但尚处基础建设期，且市场主体仅为一些节能减排意识较强的厂商，效果与稳定气候变化的最终目标还有一定的差距。

第 4 章　配额约束下源起产业系统熵减的螺旋低碳演化模型

通过对熵变理论、碳配额相关理论及产业系统低碳演化相关理论的梳理，发现现有文献在碳配额约束下产业系统产生的演化方式、演化机理和驱动因素等多个方面进行了研究，综合运用多种先进的科学计量分析方法进行了一系列的尝试，取得了诸多极具价值的研究成果。但是，现有研究未能深入产业系统内部，从根源上剖析产业系统低碳演化的内在机理，导致碳配额约束下产业系统低碳优化的政策引导缺乏足够的理论基石，从而使得构建科学的、可操作的产业系统可持续低碳优化缺乏深层次的理论支撑。而将产业系统与耗散结构理论和螺旋结构理论进行对接，借助熵减原理梳理产业系统优化的基本因素，借助螺旋理论阐明产业系统优化的驱动机理，则能够克服上述缺陷，且能够更好地体现能源依赖与碳配额约束瓶颈下的产业系统可持续发展要求。

本章将从碳配额实施的大背景出发，以产业系统熵变机理为理论依据，从碳资源流动（C）、技术进步（T）、政策优化（P，三者英文缩写为 CTP）出发，论述碳配额约束下产业系统低碳演化的特征，探索 CTP 驱动产业系统熵减的路径模式，探讨产业系统优化运行的策略组合。

4.1　配额约束下产业系统低碳演化的“外场”

4.1.1　产业系统熵变理论的基础

产业系统就是一个典型的社会科学领域的系统，它包括不同的产业部门，各个产业部门之间有着直接或者间接的联系，同时，各个产业部门的内部又包含着原材料采购部门、生产部门、技术开发部门、行政管理部门、信息处理和采集部门、销售部门等一系列部门及生产环节，存在着复杂的非线性关系，一直是管理学和经济学界关注的热点。

耗散结构理论主要的研究对象就是处于非平衡状态的开放系统，耗散结构理论在自然科学领域和社会科学领域都有着广泛的应用。普利高津提出的耗散结构必须具有以下特征：第一，系统具有开放性；第二，系统处于非平衡状态；第三，系统存在着涨落。这三个条件缺一不可。

在国家自然科学基金项目的研究过程中，已经论证过产业系统是一个耗散系统，碳配额的实施对产业系统这个本质特征不会发生变化。

4.1.2 产业系统熵较好地反映了配额约束下产业系统的动态演化过程

熵（Entropy）最初是德国数学和物理学家克劳修斯（T. Clausius）在研究热力学时发现的新的状态函数，1865 年其在论文中正式将之命名为熵，而我国现行的翻译是由我国物理学家胡刚复教授根据公式中热温商的定义而来的。

熵是类比热力学中做功的概念引入的物理量。在热力学中，功和热本质是相同的，表征的都是能量，在做功与传热的机理和转换上，两者高度相似。在一个密闭的容器中，一定压力（P）的作用下，容积（V）发生变化，对外做功（W），公式表述为 $\mathrm{d}W=P\cdot\mathrm{d}V$。在传热过程中，热量总是从高温物体传向低温物体，由温度差（T）驱动，当系统温度高于外界温度时，传递的热量（Q）就相当于做功的数量。定义“熵”（记作 S）来衡量传热过程中的变化量。类似做功，传热的过程可以用公式表述为 $\mathrm{d}Q=T\cdot\mathrm{d}S$，可以变换为 $\mathrm{d}S=\mathrm{d}Q/T$。

由式 $\mathrm{d}S=\mathrm{d}Q/T$ 可知，“熵”是一种表示系统状态的变量，只与系统的运行状态有关，与过程及路径无关。

随着系统理论的研究发展，发现在自然科学界和社会科学界中都普遍存在着熵变，熵变理论在自然科学、社会科学众多领域中都可以得到深入的应用和广泛的推广。

在对熵的定义的理解与熵变机理分析的基础上，我们发现内部熵增是系统普遍存在的现象，因此系统熵增不是研究的关键所在。对系统外部影响系统熵变的因素及其影响机理的研究才是理解系统演化过程的关键。也就是说，产业系统的运行方向主要由系统内外部的熵变路径及影响因素来决定。因此，接下来将围绕产业系统外部熵变的路径及其影响因素来展开研究。

李恒川（2015）关于非期望产出率定义产业系统熵的经验，用 U 表示产业系统熵，C 为配额约束下产业部门的碳资源，W 为产业系统产出效用。显然，W 中又包含了技术进步 T 和政策优化 P 的影响。

$$U=\frac{C}{W} \tag{4-1}$$

产业系统熵描绘的产业系统动态演化过程，具体表现为，一方面，通过碳配额基础上的碳市场交易，促进碳资源在产业间的优化配置，获得产业生产所必需碳资源的同时，实现产业低成本减排，从而使得产业系统熵减；另一方面，类比外界做功，拟提出优化产业部门的技术环境和相关政策，优化产业系统效率，实现产业系统熵减。

综上分析，本书拟使用的产业系统熵，既很好地满足了熵的定义，又较好地刻画了产业系统动态演化的过程，并指出了产业系统熵减的要素，包括碳资源流动（C）、技术进步（T）和政策优化（P），为进一步研究产业系统动态优化奠定了基础。

4.1.3　碳配额形成了产业系统低碳演化的“外场”

通过对碳配额约束下产业系统熵变理论的梳理，对比分析产业系统与复杂热力学系统的区别与联系，参照热力学系统熵减的两种途径——“物质交换”和“外力做功”，产业系统的熵减也可以考虑从两方面入手：一方面可以由碳资源在产业部门间的合理流动构成系统的“物质交换”，从而实现产业系统的熵减；另一方面由相关低碳政策优化，形成对产业系统的“外力做功”，通过改变产出效用来促进产业系统的熵减。熵减路径即产业系统低碳优化的路径，具体如图 4.1 所示。

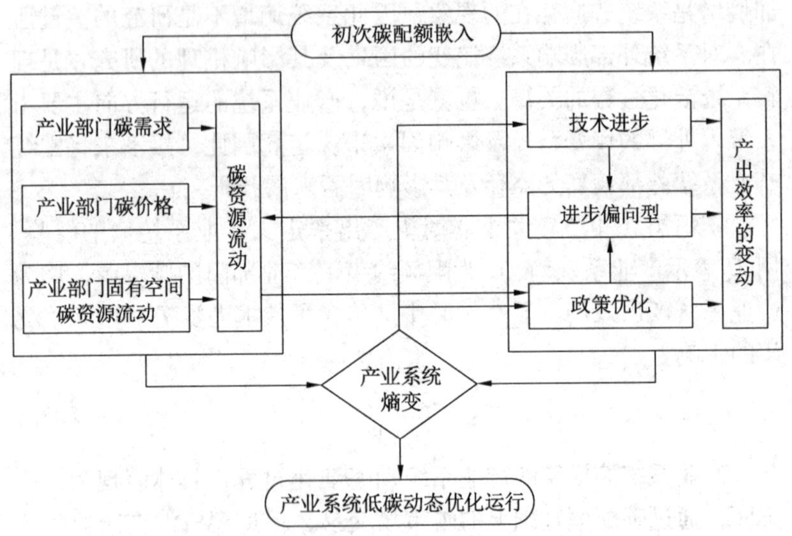

图 4.1　碳配额视角下产业系统低碳动态优化的路径

从图 4.1 结合产业系统熵变的原理可知，产业系统在碳配额实施后，其低碳演化形成了一个复杂的状态。在碳配额约束下，碳资源流动、技术进步及相关的低碳政策优化密切合作、循环作用，共同促进产业系统的低碳优化运行。碳配额构成这种多要素复杂运行状态的大背景，且相关要素之间混成交织，使得要素之间的影响作用不能明确分开，也难以定量描述。

参照物理学里面“场”的概念，描述碳资源流动、技术进步及相关低碳政策优化（CTP）等三要素内在相互作用。其作用力向外延伸，且延伸的方式受到前一个状态的“遗传”，形成了产业系统低碳演化的“场”。产业系统的低碳演化可以表述成 CTP 三种内核要素在碳配额“场”中相互作用，向外延伸，驱动产业系统持续优化。而碳配额就形成了这个“场”的大背景。

4.1.4 产业系统极小熵论证了配额约束下产业系统低碳优化的可行性

论述了在碳配额“场”作用下，碳资源流动、技术进步及政策优化（CTP）是驱动产业系统熵变的重要因素后，另一个感兴趣的问题是，这种 CTP 驱动的熵变可能会导致产业系统的熵增或者熵减，而显然熵减代表了产业系统在配额约束下的低碳优化方向，那么配额约束下，产业系统的低碳优化是否可行?

在产业系统熵的基础上，使用非线性动态规划模型来阐述产业系统配额约束下产业系统存在极小熵，从而论证产业系统的低碳优化是可行的。

产业系统熵中，作为分母的产出效用函数有很多种表达式，其中最为经典且被普遍接受的是由 Grossman（1991）构建的关于 R&D（研究和开发）投入的效用模型:

$$W_t = \int_{t_0}^{\infty} e^{-\rho(t-t_0)} \log D(t)\,dt \tag{4-2}$$

式中，$D(t) = [\int_0^n N^{\alpha}(i)\,di]^{1/\alpha}$，$n$ 代表新产品数，$N = \frac{Y}{n}$代表新产品对期望产出的贡献率。

参照此模型，基于技术进步和碳资源投入的产业系统产出效用函数应该与此相似，同时在技术进步和碳资源投入下，产业部门的新产品数为 $n(t) = Be^{ks}T^{\beta_1}C^{\beta_2}$，其中，$T$ 为技术进步，C 为碳资源投入，于是可以得到产业系统产出的效用函数为

$$W_t = \int_{t_0}^{\infty} e^{-\rho(t-t_0)}[\log y(t) + a_1\log T(t) + a_2\log C(t)]\,dt + \int_{t_0}^{\infty} e^{-\rho(t-t_0)}(kt + \log B)\,dt \tag{4-3}$$

上式的第二部分与技术进步和碳资源没有关系，所以只取前面部分来求解最优化效用函数。技术投入会使得碳排放下降，所以碳排放下降效应的技术进步表示成 $T = \pi T_d + \phi C_r$，π 表示技术投入的增长率，ϕ 表示技术进步作用下的碳减排系数。由于碳减排的要求，碳资源的投入也会受到影响，动态碳减排情形下的碳

资源投入可以表示为 $C=\mu C_d+\nu C_r$，其中，μ 为产出增长要求下自然的碳排放增长率，ν 为碳减排率。

最终基于技术进步和碳资源投入的产业系统产出效用函数可以取

$$W_t=\int_{t_0}^{\infty}\mathrm{e}^{-\rho(t-t_0)}\{\log Y(t)+a_1\log[\pi T_d(t)+\phi C_r(t)]+a_2\log[\mu C_d(t)+vC_r(t)\}\mathrm{d}t \tag{4-4}$$

综合上述分析，配额嵌入模式下产业系统熵的动态规划方程组可以表示为

$$\max W_t=\int_{t_0}^{\infty}\mathrm{e}^{-\rho(t-t_0)}\{\log Y(t)+a_1\log[\pi T_d(t)+\phi C_r(t)]+a_2\log[\mu C_d(t)+\nu C_r(t)\}\mathrm{d}t$$

约束条件：$\begin{cases}\dot{y}/y=f-g\ (C_r/y)\\ \dot{C}=C_r\end{cases}$

动态最优规划的汉密尔顿系统就有如下形式：

$$H(t,Y,T,C_d,C_r,\varphi_1,\varphi_2)=\mathrm{e}^{-\rho(t-t_0)}\{\log Y(t)+a_1\log[\pi T_d-\varphi C_r(t)]+a_2\log(\mu C_d+vC_r)\}+\varphi_1[f\cdot y(t)-g\cdot C_r]+\varphi_2\cdot C_r \tag{4-5}$$

（1）产业系统减排最优路径存在的充分条件

我们最主要的目标是研究产业系统的碳减排机理，所以在求解产业系统产出的最大效用，即耗散结构视域下产业系统的极小熵时，为了提高对理论模型的推导，本章仅考虑累积碳投入水平和碳减排因素的影响。

根据西尔维斯特准则，式（4-5）有一阶偏导：

$$\frac{\partial H}{\partial Y}=\mathrm{e}^{-\rho(t-t_0)}\frac{1}{Y}+\varphi_1 f$$

$$\frac{\partial H}{\partial C_d}=\mathrm{e}^{-\rho(t-t_0)}\frac{a_2\mu}{\mu C_d+\nu C_r}$$

$$\frac{\partial H}{\partial C_r}=\mathrm{e}^{-\rho(t-t_0)}\frac{a_2\nu}{\mu C_d+\nu C_r}+\mathrm{e}^{-\rho(t-t_0)}\frac{a_1\phi}{\pi T_d+\phi C_r}-\varphi_1 g+\varphi_2$$

式（4-5）有二阶偏导：

$$\Delta_{11}=\frac{\partial^2 H}{\partial Y^2}=-\mathrm{e}^{-\rho(t-t_0)}\frac{1}{Y^2}<0$$

$$\Delta_{12}=\Delta_{21}=\frac{\partial^2 H}{\partial Y\partial C_d}=\frac{\partial^2 H}{\partial C_d\partial Y}=0$$

$$\Delta_{13}=\Delta_{31}=\frac{\partial^2 H}{\partial Y\partial C_r}=\frac{\partial^2 H}{\partial C_r\partial Y}=0$$

$$\Delta_{22}=\frac{\partial^2 H}{\partial {C_d}^2}=-\mathrm{e}^{-\rho(t-t_0)}\frac{a_2\mu^2}{(\mu C_d+\nu C_r)^2}<0$$

$$\Delta_{23}=\Delta_{32}=\frac{\partial^2 H}{\partial C_d\partial C_r}=\frac{\partial^2 H}{\partial C_r\partial C_d}=-\mathrm{e}^{-\rho(t-t_0)}\frac{a_2\,\mu\nu}{(\mu C_d+\nu C_r)^2}$$

$$\Delta_{33}=-\mathrm{e}^{-\rho(t-t_0)}\frac{a_2\,\nu^2}{(\mu C_d+\nu C_r)^2}-\mathrm{e}^{-\rho(t-t_0)}\frac{a_1\phi^2}{(\pi T_d+\phi C_r)^2}$$

二阶导数的矩阵记为

$$\Delta=\begin{bmatrix}\Delta_{11} & \Delta_{12} & \Delta_{13}\\ \Delta_{21} & \Delta_{22} & \Delta_{23}\\ \Delta_{31} & \Delta_{32} & \Delta_{33}\end{bmatrix}$$

另外有

$$\Delta_{11}=\frac{\partial^2 H}{\partial Y^2}=-\mathrm{e}^{-\rho(t-t_0)}\frac{1}{Y^2}<0$$

$$\Delta_{11}\Delta_{22}-\Delta_{12}\Delta_{21}=\left[-\mathrm{e}^{-\rho(t-t_0)}\frac{1}{Y^2}\right]\left[-\mathrm{e}^{-\rho(t-t_0)}\frac{a_2\,\mu^2}{(\mu C_d+\nu C_r)^2}\right]>0$$

$$\Delta_{11}\Delta_{22}\Delta_{33}+\Delta_{12}\Delta_{23}\Delta_{31}+\Delta_{13}\Delta_{21}\Delta_{32}-\Delta_{11}\Delta_{23}\Delta_{32}-\Delta_{12}\Delta_{21}\Delta_{33}-\Delta_{13}\Delta_{22}\Delta_{31}=\Delta_{11}\ (\Delta_{22}\Delta_{33}-\Delta_{23}\Delta_{32})$$

$$=\left[-\mathrm{e}^{-\rho(t-t_0)}\frac{1}{Y^2}\right]\left[-\mathrm{e}^{-\rho(t-t_0)}\frac{a_2\,\mu^2}{(\mu C_d+\nu C_r)^2}\right]$$

$$\left[-\mathrm{e}^{-\rho(t-t_0)}\frac{a_2\,\nu^2}{(\mu C_d+\nu C_r)^2}-\mathrm{e}^{-\rho(t-t_0)}\frac{a_1\phi^2}{(\pi T_d+\phi C_r)^2}\right]-$$

$$\left[-\mathrm{e}^{-\rho(t-t_0)}\frac{1}{Y^2}\right]\left[-\mathrm{e}^{-\rho(t-t_0)}\frac{a_2\,\mu\nu}{(\mu C_d+\nu C_r)^2}\right]^2<0$$

据此可以判断，矩阵 Δ 的所有奇数阶顺序主子式小于零，所有偶数阶顺序主子式大于零，满足判断负定矩阵的充要条件，二阶导数的矩阵是负定矩阵，汉密尔顿函数是严格凹性的，又由于一阶偏导数都是大于零的，这说明汉密尔顿函数是单调递增的，存在极大值，此为最优化的充分条件。

（2）产业系统减排最优路径存在的必要条件

汉密尔顿函数（式4-5）的伴随方程为

$$\frac{\partial H}{\partial Y}+\varphi_1=0 \text{ 和} \frac{\partial H}{\partial C_d}+\varphi_2=0$$

可以得到

$$\varphi_1=-\left[\mathrm{e}^{-\rho(t-t_0)}\frac{1}{Y}+\varphi_1 f\right]<0$$

$$\varphi_2=-\left[\mathrm{e}^{-\rho(t-t_0)}\frac{a_2\mu}{\mu C_d+\nu C_r}\right]<0$$

根据庞德里亚金最大值准则，汉密尔顿系统的横截条件为

$$\varphi_i\Big|_{t_0}^{\varepsilon}=0, i=1,2$$

始端固定为 $t=t_0$，在区间［t_0，ε］上，$t_0\leqslant\varepsilon<+\infty$，终端自由，故有

$$\varphi_i(\varepsilon)=0, i=1,2$$

由于 φ_1 和 φ_2 都小于0，加上横截条件可知，在区间［t_0，ε］上，φ_i（t）是单调递减的，故有

$$\varphi_i(t)>0, t\in[t_0,\varepsilon], i=1,2$$

最优化的必要条件：存在一对 $\varphi(t)=[\varphi_1(t),\varphi_2(t)]$ 满足伴随方程，并且使得上述式子成立。通过求解汉密尔顿系统的控制方程，可以找到最优解 $H^*=(Y^*, C_d{}^*, C_r{}^*)$，进而可以得到产业系统的极小熵视角下，产业系统的最优碳减排强度。

综上，通过求解汉密尔顿函数的一阶偏导都大于0，二阶导数矩阵是负定矩阵，根据西尔维斯特准则，这说明汉密尔顿函数是单调递增的，产出效用存在极大值，这就给出了产业系统极小熵的充分条件。同时，根据庞德里亚金最大值准则，汉密尔顿函数满足存在极大值的必要条件。这样就给出了配额约束下，产业系统极小熵存在的充要条件，产业系统极小熵存在性的论证构成

了产业系统优化运行可行性的理论基础（具体假设及证明见本书附录 A）。

4.2 配额约束下产业系统低碳演化的“内核”

碳配额形成了产业系统熵减的“外场”已经阐述论证，而从产业系统熵减的两种方式——“物质交换”和“外力做功”来看，碳资源的产业间流动构成产业系统熵减的“物质交换”，碳配额相关政策则是从产业系统的外围对其内部的优化运行提供保障，可以看作产业系统熵减的“外力做功”。技术进步对碳资源产业部门间的流动和政策的实施都有影响，将会是进一步阐述产业系统熵减特征的切入点。本节将从理论上详细阐述碳资源流动、技术进步及政策优化对产业系统低碳优化的具体影响。

4.2.1 配额约束下碳资源流动驱动产业系统低碳演化

（1）碳资源流动实质是配额模式下碳交易的实现

碳资源流动的主要原因有以下两个方面：首先，由于减排政策的提出，生产要素（如投资、劳动力）在能源密集型产业（如钢铁、水泥、建材、化工等）中的生产力会受到负面影响，不利于生产要素的效益最大化，降低了减排国家的产出水平。因此，为了躲避减排政策的约束，追求更多利润，减排国一些碳密集行业的厂商往往会通过跨国公司甚至直接在非减排国投资开设公司，将投资转移到非减排国家，这样一来就改变了生产要素在行业及空间上的配置。由于转移过去的碳密集型产业在非减排国家的经营生产所造成的废弃物排放不受政策约束，助长了这些企业对温室气体的肆意排放。这种碳资源的转移不仅违背了碳减排政策的初衷，反而可能因生产要素转移而造成资源的不合理分配和浪费。其次，碳密集行业使担负有减排责任的国家在其清洁方面会承担起更高昂的费用。从经济效益角度考虑，这些国家通常会通过进出口贸易来减少本国碳排放。它们把碳密集行业转移到非减排国家，然后以较低的成本进口低附加值产品或者半成品。为争夺越来越稀缺的碳排放资源，这相应地加大了减排责任国之间的产业竞争力，对于减排国提升本国技术和加快技术转移提出了更多要求，也为非减排国的经济及技术赶超带来了积极影响，因此，这是碳源转移积极的一面。

在经历过数百年的工业化之后，发达国家的工业化水平已经达到了相当高的水平。在当今气候环境恶化，碳排放受到国际社会共同约束的情况下，发达国家开始着手转变产业结构，将产业从能源密集型转向技术密集型和资金密集型。相反，对于绝大部分发展中国家，由于先前的农业产业占比较重，工业仍不发达，经济水平有限，它们还在从农业转向工业化的道路上，而且这段路还要走很长。此时，部分发达国家或者发达国家的部分碳密集型产业因为不能迅速转型，又受到碳排放的约束，减排国就不得不将这些碳密集型产业暂时转移出去。而发展中国家由于工业化发展的迫切要求和不受碳排放约束的天然优势，导致这些地区成为发达国家转移碳密集型产业理想的接收地。《京都议定书》中规定：碳减排是全球所有国家的共同责任，但根据经济发展等情况，不同的国家所应承担的减排责任大小不尽相同。从目前全球经济及技术等发展来看，区域不平衡的现状还将会持续相当长的时间，因此不同国家减排义务上的差异也会随之而长期存在。这种碳源转移方式对转移国和被转移国双方都有好处，碳排放约束国为减少碳排放，将碳密集型产业从国内转移出去，直接保证了本国的碳排放总量的减少，降低了本国的减排压力；当然，产业的转移同时伴随着技术的转移，这样一来发展中国家从接收国外转移过来的产业中可以学习到更加先进的技术。因此，发达国家产业的转移不仅直接促进了发展中国家的经济发展，还间接地因技术转移而给发展中国家带来了技术进步，有利于发展中国家缩短对技术改进的时间和节约研发投入。因此，减排责任国和非责任国之间必然存在着产业的转移，随着产业转移的当然还有碳排放源的转移。

对碳排放源转移的研究可以从以下三种“碳泄漏”方式

展开：

① 某一种公共财产是一个人在社会活动中必需的，但他却因避免付出而对外称自己并不需要该公共财产，而当别人通过自己投入时间和精力取得某种财产后，他们却直接拿来供自己使用，公共经济学称这种现象为“搭便车”。同样，“搭便车泄漏”（Free - Rider Leakage）就是指发达国家不是通过投入人力物力来提高技术等途径达到减少碳排放的目的，而是直接转移碳密集型产业到发展中国家以减少本国碳排放压力，间接利用了环境这种公共财产，这种行为亦是“搭便车”行为。这样的碳转移现象也就被称为“搭便车碳泄漏”。Stephen Bernow，SivanKartha（2001）和 Thomas Eichner，Rudiger Pething（2004）等已经对其有了深入的研究，“搭便车”现象已被证实客观存在。

② Mark Souter，Graham Nevill，Andrew Forge（2000）和 Taylor（2005）在研究碳密集型产品的泄漏途径时重点研究了“专业化泄漏”（Specialisation Leakage）。这种碳转移途径是新古典贸易理论中所提及的，一些国家在某种产品的生产方面存在着技术等专业化优势，要比其他国家在资源的消耗上大大减少，有限的碳排放空间作为一种资源，专业化强度高的国家自然就在生产某种产品的时候占用更少的碳排放资源。碳排放约束下的发达国家与尚未承担减排责任的发展中国家在一些碳密集行业的竞争上显然处于弱势地位，碳密集型产业势必会在发展中国家得到繁荣发展，如此一来，碳减排的效果要大打折扣。

③ 随着全球各国对碳减排的响应，尤其是发达国家已经开始采取碳排放约束政策，使得碳排放的“罪魁祸首”——化石能源的消费需求大大降低。根据经济学理论可知，需求总量的减少导致化石能源的价格受到影响而降低。此时，因能源价格降低而带来的生产成本的降低驱使着不受减排约束的国家加大了对化石能源的消耗。MittermairFelder（1998）和 Jun-Seok Park（2005）在其研究中指出，为了获取较多利益，化石能源开采商争取在能源价格较高时尽早地把化石能源开采出来。这种由于化石能源供应

端造成的碳排放增加被称为“供应端泄漏”（Supply Side Leakage）。

（2）碳配额与产业系统优化的“伪矛盾”

对碳排放的关注，国外要比国内早得多。最初，对碳排放的研究主要从宏观方面展开，学者们都是以国家为单位进行研究的。他们研究了碳排放总量与经济总量的关系（Ramsey，1928），虽然研究涉及污染物排放，但是由于对污染物统计工作准备不足，并不能有效研究污染物排放量随经济变化的规律，得出的结论往往更多是关于经济发展状况的。Panayotou（1996）在库兹涅茨研究的基础上，用环境库兹涅茨曲线（EKC）揭示了环境与经济发展水平的关系。后来有关气候变化的研究都或多或少地会考虑 EKC 规律，对于污染物减排措施及减排费用的研究也都会考虑到经济因素。表 4.1 归纳了部分具有代表性的研究。

表 4.1　国外对环境与经济关系的研究

作者	研究内容
Cass（1965），Koopmans（1965）	在研究经济增长问题时考虑了投资、储蓄等生产要素的生产力，以及人口增长与外生技术进步等因素对经济增长的影响，但并未将自然资源考虑在模型内。
Goulder 和 Schneider（1999），Goulder 和 Mathai（2000），Buonanno（2003）等	开始考虑环境因素对经济增长的影响，并通过模型分析了在生产过程中环境恶化对经济的副作用。
Nordhaus（1977）	在对经济增长与气候间相互关系的研究中指出，温室气体排放的经济问题表现为其具有外在性，而解决温室气体外在性问题的途径主要包括碳税、碳交易及管制措施。
Grossman 和 Nordhaus（1991）	通过成本收益来分析温室效应的经济影响。
Aghion Philippe 和 Peter Howitt（1992）	将全球看作一个整体，把气候系统模型与全球经济一般均衡模型集成，构建了包含气候变化、二氧化碳大气浓度、碳排放、碳循环的气候系统对经济系统的反馈等作用机制。

续表

作者	研究内容
Mendelsohn 和 Neumann (1995)，Gaertner (2001)	在最优经济增长模型的基础上，将最优控制思想应用于经济气候亲合系统，提出了综合评估气候政策的集成评估模型。
Nordhaus 和 Yang (1996)	在 DICE 模型基础上开发出 RICE 模型，将全球分成几大区域，研究区域之间的博弈行为及区域尺度上的最优减排政策。
Manne 和 Richels (1992)	从区域尺度开发出 MARGE 模型（区域最优政策评估模型），并评价了减排政策对区域及全球的影响。
Mamie 和 Riche（2005）	利用 MARGE 模型对全球碳排放维持在 1990 年水平及将大气二氧化碳浓度稳定在当前水平的两种情景进行了最优政策模拟。
Bosetti 和 Carraro 等 (2009)	利用 WITCH 模型，对大气二氧化碳浓度维持在 550 ppm 和 450 ppm 的目标情景下的最优政策做了模拟。
Carsten Herrmann – Pillath（2010）	利用 RICE 模型，对全球升温不低于 2 ℃的减排目标情景做了最优政策模拟。

早期经济增长问题考虑了投资、储蓄（Cass，1965；Koopmans，1965）、生产要素的生产力，以及人口增长与外生技术进步等因素对经济增长的影响，但并未将自然资源考虑在经济模型内。随着工业进程的加快，能源、环境等因素对经济增长的影响越来越大，因此，Nordhaus（1999），Goulder 和 Schneider (1999)，Goulder 和 Mathai（2000），Buonanno（2003）等学者将环境因素考虑到新经济增长模型中，并通过模型分析了在生产过程中因环境对经济所引起的副作用。

Nordhaus（1977）对经济增长与气候变化的关系进行了深入研究，其研究认为：温室气体排放呈现了经济增长的外在性。解决温室气体排放的方法，可以采用对其温室气体排放征税（碳税等）或进行碳排放权交易等一系列环境管制措施。1991 年 Nordhaus 在其另一项研究中，通过成本收益方法对温室效应的经济影响进行了更为深入的研究。Aghion Phlilppe 和 Peter Howitt（1992，1994）将全球看作一个整体，把气候系统模型与全球经济一般均衡模型集成，构建了包含气候变化、二氧化碳大气浓度、碳排放、碳循环的气候系统对经济系统的反馈等作用机制及最优政策对经济气候系统的影响等的 DICE 模型。Mendelsohn 和 Neumann（1995），Gaertner（2001）则在最优经济增长模型的基础上，通过对假设条件和模型工具的不断修正和深化，将最优控制思想应用于经济气候亲合系统，提出了综合评估气候政策的集成评估模型。Nordhaus 和 Yang（1996）在 DICE 模型基础上开发出 RICE 模型，根据经济状况和温室气体排放情况的不同，将全球分成不同的几大区域，对不同区域在减排问题上进行了行为方面的博弈分析，并在此基础上，根据各个区域的行为分析制定最优减排政策。Manne 和 Richels（1992）从区域尺度进行了温室气体排放与经济增长的关系及相对应的政策优化，并开发出了 MARGE 模型（区域最优政策评估模型），同时评价了减排政策对区域及全球的影响。Mamie 和 Riche（2005）利用从区域尺度开发的 MARGE 模型对全球碳排放维持在 1990 年水平及将大气二氧化碳浓度稳定在当前水平的两种情景进行了最优政策模拟。Bosetti 和 Carraro 等（2009）利用 WITCH 模型对大气二氧化碳浓度维持在 550 ppm 和 450 ppm 的目标情景下的最优政策做了模拟。

国外学者经过长期研究，已经形成了比较系统和完善的研究体系，无论是碳配额与经济增长研究切入点的选取还是研究方法的运用都已经达到了相当高的水平。但是，各个国家的发展都有其各自的规律，在服从大的发展规律的前提下，他们又各自表现出自己特有的特征。尤其是历史悠久的我国，必然拥有较大的碳排放积累。此外我国近代经济发展又非常迅速，直接导致碳排放的迅速增加。

众多研究及中国经济发展的实际都表明中国在经济快速发展的同时，也直接导致温室气体排放的增加。这些温室气体的增加一部分来自于我国自己消费造成的碳排放，另一部分是我国出口给外国的产品造成的碳排放增加。中国就像一个超级工厂，牺牲环境和生产要素制造工业产品输向世界各地，以宝贵的资源和剩余的废弃物及温室气体增加为代价换来了外汇储备，又加上我国的生产技术本身就落后于发达国家，这就加重了我国的生产成本(生产要素和环境要素)。短期来看，能源密集型产业的转移会暂时降低发达国家的碳排放，但对于整个地球来说碳排放依然在增加。

综上所述，从全球范围来看，经济快速发展的同时，各国都面临着巨大的环境问题和减排压力，碳配额的实施势在必行。然而，碳配额从一定程度上约束了产业系统的产出，碳配额与产业系统优化的“矛盾”需要进一步通过其他方式得到解决，比如市场机制下的碳资源产业间流动，为解决上述矛盾提供了一个可行途径。

(3) 碳资源流动是碳配额约束下产业系统优化的方向

“碳资源转移”的直接诱因是国际碳市场交易机制。联合履行（JI)、清洁发展机制（CDM）和碳减排贸易（ET）是《京都议定书》为国家之间的减排合作指出的合作模式。这些合作机制的运用可使减排国家与非减排国家合作，进而帮助减排责任国取得“碳减排”的抵消额，减轻其减排压力。同时这样也有利于非减排国家提升产业技术，最大限度上避免他们继续走先污染后治理的老路。为了锁定减排目标，缩小减排范围，划分减排任务，量化减排对象，《京都议定书》规定以二氧化碳的减排为目标，减少温室气体的排放。把排污权以二氧化碳排放权的形式规定下来，同时对碳排放的计算进行了标准化折算系数规定，为碳排放权的交易奠定了基础。《京都议定书》还鼓励发达国家用技术转移的方式获得碳配额，以实现总的碳排放量减少。碳交易只是促使碳排放权益在不同区域之间的转移，二氧化碳的排放并没有真正减少，只是改变了二氧化碳排放权在全球范围的分布。因此，可以这样说，碳交易市场只是为“碳源转移”提供了一个平台。

“碳资源流动”是能源密集型产业优化升级的发展方向。为了履行《京都议定书》对减排责任的规定，减排责任国不得不减少碳密集产业的产量以减少二氧化碳的排放；但是，全世界并没有因碳减排而减少对碳密集型产品的需求，这就导致非减排责任国受利益驱使增加生产碳密集型产品。生产这些产品需要消耗大量的化石能源，非减排国家的能源密集型产品产量的大幅增长抵消了减排责任国对能源需求的减少，不同的是这些能源被消耗的地方发生了改变，而总量并不会因之而减少。而且由于非减排责任国都是一些欠发达国家，技术的落后再加上交通运输量的增加造成更多的能源消耗，有可能不但达不到减排目的，反而增加了能源的消耗，也就直接导致碳排放总量的增加。因此，能源密集型产业的转移伴随的是“碳资源转移”。

综上所述，市场机制下，碳资源的产业部门间流动可以使得配额约束下的碳资源在产业部门间得到更加合理的配额，从而有效促进产业系统的低碳优化运行。

4.2.2 碳配额约束下技术进步驱动产业系统低碳演化

（1）技术进步促进产业经济增长

自有人类贸易开始，经济问题就一直备受关注。研究经济发展的规律以把握经济发展趋势，认识经济发展现象，是研究经济问题的主要目的。促进经济的不断增长也成为国家政府最重要的职责之一。经济学家 Harrod 和 Domar 开辟了经济增长研究领域的先河，首次尝试将经济增长作为独立的系统进行研究。他们分别于不同时期把凯恩斯主义宏观经济模型从短期扩充到了长期，形成了更具一般意义的“Harrod－Domar 模型”。随着研究的深入和范围的扩大，新古典经济学增长模型（Solow 增长模型）的提出更进一步丰富了对经济增长的描述。Solow 增长模型认为无论是储蓄还是投资，可用资本量的增多都会加快经济发展的步伐。虽然其中还涉及诸如人口增长、科技进步等因素，但该模型视技术为外生变量，在研究产业产出时将人力、资本等因素考虑在内。由于对技术变量的处理持有不同见解，这一模型也受到很多人的质疑。新增长理论将技术也考虑为影响经济增长的因素之一，它的提出很好地解决了这一争执。综上所述，技术这一因素作为影响经济发展的重要因素也经历了从被忽视到被重视的过程。

随着社会的发展和技术的进步，研究发现技术在经济领域发挥着越来越重要的作用。Romer 提出的新增长理论就很好地考虑到了技术进步对经济增长起到的促进作用，知识与生产的结合显示了技术作为生产力之一的作用。随着我国对工业化水平提高的迫切要求，政策和资金的倾斜给予技术进步研究更多的支持，尤其是现在我国提出了创新型国家的建设，更引起越来越多的专家学者结合我国国情对技术的进步展开研究，以实现对国外先进技术的追赶甚至是超越。

近年来的研究都把技术进步看作促进经济发展的重要动力。如杨岚（2006）分析了技术进步对我国产业结构变动的影响，认为技术进步在促进产业结构的调整上起到了至关重要的作用。刘星（2007）在可持续发展视角下，分析了自然环境恶化的情况下，技术进步是保证经济增长和生态好转的重要途径。

（2）技术进步促进产业减排

通常，技术进步可以从以下两个方面改善碳资源的排放：一是采用新技术开发新能源（如风电技术、生物质能发电技术等），这样不仅能更多地利用自然资源寻找更多生产要素，还可以减少因化石能源燃烧带来的巨量二氧化碳排放，清洁能源的利用从碳源的根本上直接减少了碳资源排放；二是改变生产技术从而改变生产要素种类的投入。在生产过程中，通过增加其他低碳或零碳要素来减少高碳能源的投入。比如，碳密集型行业可以向知识密集型或劳动力密集型产业转移。换言之，技术的进步可以为寻找新能源替代旧能源做出贡献，同时还可以通过改变生产要素投入结构而减少能源的消耗，从而减少碳排放。

分析技术进步在对二氧化碳排放的影响上，国内外学者做出了许多努力，试图厘清二者之间的相互作用。Goulder 和 Schneider（1999）考察了技术研发对促进节能减排的影响方式及其滞后期限，研究结论得出研发上的投入能提高节能减排技术，从而降低减排成本。Popp（2001）用研发成果的数量对技术进步进行度量，并分析了通过研发技术进步对二氧化碳排放量的影响，研究发现对技术的投入存在滞后期。一般来说，三年后才能在产业系统中看到明显的减排效果，即滞后期为三年。Pacala 和 Socolow（2004）则给出了更为理想的预测，只要能采取足够的措施，可以将 2050 年大气中二氧化碳浓度控制在 500 ppm 的范围之内。这些措施的运用将会将像楔子一样牢牢控制住大气二氧化碳浓度，故他提出的理论又被称为“稳定楔”理论。《全球能源技术战略：应对气候变化》中在现有条件的基础上对未来技术进行预测并模拟，发现技术是人类解决气候问题的首要选择。

国内也有大量相关的研究，郑有飞（2010）分析了技术进步是如何发挥作用来促使碳排放降低的。他在研究中详细论证了技术进步在不同时期对我国大气中二氧化碳浓度的控制情况，并预测了我国到 2050 年碳排放的数量将会保持在较低水平，这样技术进步就会为我国未来的节能减排大大减轻压力。聂鸣等（2009）从碳源控制和排放物的清洁治理上分析了其对碳减排的影响，认为多种方法的结合将会对节能减排更加有效，并指明了减排技术下一步应该重点研发的方向。王铮等（2006）认为考虑减排和经济发展缺一不可，应用技术进步协调它们关系，在合理控制二氧化碳排放的同时，依然能保证经济的长期高速发展。

4.2.3 碳配额约束下政策优化驱动产业系统低碳演化

（1）政策优化保障产业系统优化运行

为使市场运行进入正常的轨道，在调节市场的过程中，尤其是设计人们的居住环境的情况下，人们开始将注意力转移到人为的市场干预的后果。最早进行碳排放交易研究的是国外学者 Tietenberg，他通过设定两种不同的检测标准来验证碳排放交易项目实行的可行性及有效性，其一是验证引进该项目是否会加速碳减排政策的有效实施；其二是该项目的引进是否能保证基本的减排目标的实现。国外学者 Montgomery 提出“排污许可证”和“废气排放许可证”两种许可制度，后者是指准许企业向空气中排放一定量的废气，这两种制度相同之处是都限制了最大的排放量，而这也是碳限额与交易机制形成的基础。碳排放交易可以在很大程度上改变政府原有的控制碳排放量的方式，因此吸引了大批国内外学者的广泛关注，使其投入这项研究之中。

Paltsevetal 对限额与交易（Cap-and-Trade）进行如下解释：碳排放主体在碳排放的过程中，受到根据一定的规则设定的排放上限的限制，使其不得不对超过额定排放量的部分进行购买，或者将多余的排放额度进行销售。在限额与交易市场中，主要参与者为遍及各行各业的废气（多指温室气体）的排放者。与其他商品交易不同的是，在这场交易中，没有交易实体的存在，购买或销售的碳排放量也只是以交易系统中的一条电子记录来表示，交易量也不是随意的，整个市场的总的可供交易的碳配额是以该地区或该国家的总体排放量为界限的。

对于限额与交易机制的有效性，国内外学者进行了一定的研究。Ellerman（2003）在美国“洁净空气法案”中涉及的二氧化碳限额与交易系统的证据中得到启发，他认为，相较于传统的强制性的减排手段，以市场为导向的碳限额与交易机制更能够激发减排技术的投入，是一种经济和有效的控制环境污染的手段。通过对“科斯定理”的检验，Hahn 和 Stavins（2010）发现，不论初始分配的配额大小是多少，在限额与交易市场上都能够实现低成本高效率的碳减排计划。这项发现在理论和时间上都能得到很好的应用，他认为，政府立法机构可以设置一个排放限额来建立整体的减排目标。

关于限额与交易机制的应用，常常被各个国家的学者们用来进行探索。国外学者 Stavins（2008）通过分析证明了限额与交易机制的形成，能够很大限度地减少温室气体的排放，他认为在短中期内，限额与交易机制是最好的降低碳排放的方式。Pomer Paul 设计了一个能够减低排放过程的不公平义务的、能够有效减少排放过程中排放水平的不确定性的限额与交易系统。鲁力（2014）在限额与交易机制下，比较了在单个生产周期内，考虑与不考虑固定成本的情形下厂商的单位生产支出与碳交易市场中碳配额价格之间的关系，发现当厂商生产低碳产品没有固定成本时，厂商的产量会随着碳配额价格减少。2003 年创建的欧盟碳交易机制（The EU-ETS）被认为是第一个最大规模的签署了协议的限额与交易系统，它涵盖了来自 25 个国家和地区的超过 10000 个工业厂商的参与者（Trotignon，2012）。欧盟碳交易机制是为了帮助会员达到《京都议定书》的减排任务。

综上所述，碳配额相关政策一般从限额与市场机制入手，以保障碳交易市场的有效运行，从而使得产业系统也能够实现低碳优化。

（2）政策优化保障碳资源流动驱动产业系统熵减

配额政策的制定预示着企业在达到其经济利益的同时，还能够增强生态系统的防御性。Holling 和 Meffe（1996）的强制机制在一定程度上优于其他一些控制性机制。温室效应的恶化，促使人们不得不减少对环境的破坏、对气候的改变。美国从 1992 年开始就实施了很多的措施，如自发的温室气体减排、低碳技术研发及可持续清洁能源计划等，以稳定《联合国气候变化框架公约》中要求的温室气体排放量。通过对近十年的数据进行分析研究可以发现，这些措施有了显著的效果，许多厂商致力于减排技术的研究与使用，但是很遗憾，这些措施并没有从实质上减少废气的排放。据资料显示，美国的温室气体不降反升，从 1990 年到 2001 年期间，竟增长了 12 个百分点，而专家们预计温室气体排放量到 2012 年将继续增长。为使美国能够实现本国的减排目标，形成一定的成效，Nordhaus & Danish（2003）认为美国必须制定和实施一个强制性温室气体减排计划（Amandatory Greenhouse Gas Reduction Program），以降低本国的碳排放量。

此外，强制减排机制是指政府基于一定的减排机制制定的一个强制性的减排命令，该命令要求碳排放者排放的温室气体量不能超过该机制规定的最高排放上限。强制减排机制的政策制定者，通过制定一个严格的碳排放量约束，运用一些法律或行政方面的手段，使排放者不得不按照规定的范围排放，由此控制该地区或国家的碳排放量，使其在上限范围内。

从研究碳配额政策的研究方法上看，Benjaafaretal（2013）在批量订货模型中引入了碳约束、碳税、碳排放额等政策，并考虑了这几个政策是外生的，利用 EOQ 模型对比了这几种机制的效果和受欢迎程度，结果发现强制性的政策更能达到碳排放要求，而碳排放者更愿意接受严格的碳约束而非碳税，因为他们不愿意去支付碳税这笔费用。Nordhaus 和 Danish（2003）通过运用多目标决策的存货模型将碳约束运用到实际当中，并利用 SOQ 模型得出以下结论：在控制碳减排方面，碳税及碳限额等方法并不能做到有效控制碳排放量，而严格的碳约束则更有效。

综上所述，为了保障碳交易市场的有效运行，相应的政策保障十分有必要，而且这种政策措施处于动态的调整优化状态，使得政策优化下的碳资源能实现有效流动，碳资源在产业部门间优化配置，最终实现产业系统的低碳优化发展。

（3）政策引导技术进步特征驱动产业系统熵减

环境政策的技术扩散效应。由于技术扩散属于技术创新的延伸，需要不同的度量指标，大部分实证研究专门分析了环境政策的环境技术效应。现有研究主要围绕污染物减排技术和能源节约技术展开分析，其中，关于污染物减排技术的研究主要关注末端治理和清洁生产技术。

早期，得益于美国控制汽油含铅量的成功尝试，Kerr 和 Newell（2003）运用耐用品模型，评估了厂商特征、环境政策强度及政策工具类型对厂商采用降低汽油含铅量技术决策的影响程度。结果发现，严格的环境政策促进新技术的采用，但在排污权交易政策下，减排成本较小的厂商（如许可证出售方）有更大动力采用成本节约的减排技术，而减排成本较高的厂商（许可证的购买者）更愿意购买排污许可证，对新减排技术的需求相对较小。对比两类政策工具的技术扩散效应，发现相比管制政策工具而言，环境税、排污权交易等市场型工具的激励作用更大。

减排政策驱动技术扩散及再创新。笼统的划分可以把技术创新分为完全技术创新和技术扩散及再创新，技术的扩散及再创新是技术创新的延续，不同于完全技术创新，它需要与其他指标进行衡量才能得到更加准确的测度。目前的研究情况是从减排的两端开展：一端是投入端，即生产要素尤其是能源的投入，只要能够减少碳源的使用，就能从根本上减少污染物的排放；另一端是治理端，对于不可避免的污染产出，最重要的是采取恰当的补救措施，高效率的清洁技术是降低污染物向自然环境排放的有效保证。

Kerr（2004）对美国汽油含铅排出物的控制进行了深入分析。在对生产商类型、减排政策约束力及不同政策工具进行分类研究时发现，减排政策的确有助于加快技术创新。但对于不同的生产商来说，他们有不同的倾向，开发减排创新技术成本较高的企业更愿意购买排污权，而本来就拥有较好技术创新研发基础的企业更乐意采用创新这一方式进行减排。所以，排污税的引入把本来的政策强制行为引向了市场。从长远发展来看，利益的驱动将会引起更多企业对减排技术创新的研究。

综上所述，结合图 4.1，初次碳配额嵌入后，由产业系统熵的分子和分母引出的产业系统熵减路径，概念性地给出了产业系统的动态优化由碳资源流动、技术进步和配额嵌入后的相关低碳政策共同决定，构成了产业系统低碳优化的三个“内核”。

4.3 碳配额约束下技术进步偏向形成的“势能”

至此为止阐述了碳配额约束下，产业系统低碳优化运行的“内核外场”特征，但是尚未阐述清楚 CTP 驱动产业系统优化运行的具体方式。显然，CTP 三者各自都对产业系统熵减产生影响，同时，众多研究证明 CTP 之间又存在一定的关系。而通过对产业系统低碳优化“内核”的梳理发现，技术进步对碳资源产业部门间的流动及政策的实施都有影响，将会是进一步阐述产业系统熵减特征的切入点。

为了进一步深入研究 CTP 驱动产业系统优化运行的具体方式，将借助代表性厂商的经济学模型从微观理论上来研究碳配额政策实施后，厂商面临的选择以及相关的影响。

4.3.1　考虑碳配额的代表性厂商经济学模型

参考王万军（2016）的研究，设计厂商在碳配额约束下，关于减少产量、技术进步或者购买配额选择的四方代表性厂商碳交易经济学模型，具体假设见附录 B。

四个代表性厂商利润最大化的目标函数分别可以写成：

首先，不存在碳交易时的均衡产出。

F_1 厂商，$\max U_1 = [(a - q_1 - q_2 - q_3 - q_4) \cdot q_1 - cq_1 - \beta_1(\alpha_1 q_1 - Q_1^*)]$

约束条件：$Q_1^c < Q_1^*$

F_2 厂商，$\max U_2 = [(a - q_1 - q_2 - q_3 - q_4) \cdot q_2 - cq_2 - \beta_2(\alpha_2 q_2 - Q_2^*)]$

约束条件：$Q_2^c < Q_2^*$

F_3 厂商，$\max U_3 = [(a - q_1 - q_2 - q_3 - q_4) \cdot q_3 - cq_3 - \beta_3(\alpha_3 q_3 - Q_3^*)]$

约束条件：$Q_3^c > Q_3^*$

F_4 厂商，$\max U_4 = [(a - q_1 - q_2 - q_3 - q_4) \cdot q_4 - cq_4 - \beta_4(\alpha_4 q_4 - Q_4^*)]$

约束条件：$Q_4^c > Q_4^*$

欲求上述四个代表性厂商利润最大化目标函数的最优解，需要分别对目标函数求关于其产量的一阶导数，结果如下：

$$\begin{cases} \partial U_1/\partial q_1 = a - 2q_1 - q_2 - q_3 - q_4 - c - \alpha_1 \beta_1 \\ \partial U_2/\partial q_2 = a - q_1 - 2q_2 - q_3 - q_4 - c - \alpha_2 \beta_2 \\ \partial U_3/\partial q_3 = a - q_1 - q_2 - 2q_3 - q_4 - c - \alpha_3 \beta_3 \\ \partial U_3/\partial q_3 = a - q_1 - q_2 - q_3 - 2q_4 - c - \alpha_3 \beta_3 \end{cases}$$

令其为零，则得到四个厂商的均衡产出为

$$\left(\frac{a-c-4\alpha_1\beta_1+\alpha_2\beta_2+\alpha_3\beta_3+\alpha_4\beta_4}{5},\right.$$
$$\frac{a-c+\alpha_1\beta_1-4\alpha_2\beta_2+\alpha_3\beta_3+\alpha_4\beta_4}{5},$$
$$\frac{a-c+\alpha_1\beta_1+\alpha_2\beta_2-4\alpha_3\beta_3+\alpha_4\beta_4}{5},$$
$$\left.\frac{a-c+\alpha_1\beta_1+\alpha_2\beta_2+\alpha_3\beta_3-4\alpha_4\beta_4}{5}\right)$$

上述均衡产出表明，在不考虑碳交易时，以高产出和高利润为目标的厂商，会在考虑碳排放约束的条件下使产量最大化，实现最高收益。

其次，存在碳交易时交易价格的确定。

探讨存在碳排放交易时，代表性厂商如何对碳排放权定价从而使得利润最大化。

此时，厂商的利润函数中加入碳交易成本后，可以表示为

$$U_i=Y-C_{iq}-C_{ir}=pq_i-c_{iq}\cdot q_i-P\cdot Q_i^r$$

那么，厂商利润最大化的目标函数可以表示为

$$\max\ U_1=(a-q_1-q_2-q_3-q_4)\cdot q_1-cq_1-P(\alpha_1 q_1-Q_1^c)$$
$$\max\ U_2=(a-q_1-q_2-q_3-q_4)\cdot q_2-cq_2-P(\alpha_2 q_2-Q_2^c)$$
$$\max\ U_3=(a-q_1-q_2-q_3-q_4)\cdot q_3-cq_3-P(Q_3^c-\alpha_3 q_3)$$
$$\max\ U_4=(a-q_1-q_2-q_3-q_4)\cdot q_4-cq_4-P(Q_4^c-\alpha_4 q_4)$$

厂商的利润函数，是总产量 q 和碳交易价格 P 的函数，基于“经济人假设”厂商追求利润最大化。因此上式可以变形为

$$\max\ U_1=(a-q)(q-q_2-q_3-q_4)-c(q-q_2-q_3-q_4)-P[\alpha_1(q-q_2-q_3-q_4)-Q_1^c]$$

$$\max\ U_2=(a-q)(q-q_1-q_3-q_4)-c(q-q_1-q_3-q_4)-P[\alpha_2(q-q_1-q_3-q_4)-Q_2^c]$$

$$\max\ U_3=(a-q)(q-q_1-q_2-q_4)-c(q-q_1-q_2-q_4)+P[Q_3^c-\alpha_3(q-q_1-q_2-q_4)]$$

$$\max\ U_4=(a-q)(q-q_1-q_2-q_3)-c(q-q_1-q_2-q_3)+$$

$P[Q_4^c - \alpha_4(q - q_1 - q_2 - q_3)]$

此时，对目标函数分别求其关于产量的一阶导数，可以得到

$$\begin{cases} \partial U_1/\partial q = (a-2q) + q_2 + q_3 + q_4 - c - P\alpha_1 \\ \partial U_2/\partial q = (a-2q) + q_1 + q_3 + q_4 - c - P\alpha_2 \\ \partial U_3/\partial q = (a-2q) + q_1 + q_2 + q_4 - c - P\alpha_3 \\ \partial U_4/\partial q = (a-2q) + q_1 + q_2 + q_3 - c - P\alpha_4 \end{cases}$$

一阶导数为零时，可以得到

$$\begin{cases} q = (a - c + q_2 + q_3 + q_4 - P\alpha_1)/2 \\ q = (a - c + q_1 + q_3 + q_4 - P\alpha_2)/2 \\ q = (a - c + q_1 + q_2 + q_4 - P\alpha_3)/2 \\ q = (a - c + q_1 + q_2 + q_3 - P\alpha_4)/2 \end{cases}$$

则四个厂商同时达到收益最优的条件为

$$\begin{aligned} 2q &= a - c + q_2 + q_3 + q_4 - P\alpha_1 = a - c + q_1 + q_3 + q_4 - P\alpha_2 \\ &= a - c + q_1 + q_2 + q_4 - P\alpha_3 = a - c + q_1 + q_2 + q_3 - P\alpha_4 \end{aligned}$$

解得最优碳交易价格为

$$P = \frac{q_2 - q_1}{\alpha_1 - \alpha_2} = \frac{q_3 - q_1}{\alpha_1 - \alpha_3} = \frac{q_4 - q_1}{\alpha_1 - \alpha_4} = \frac{q_3 - q_2}{\alpha_2 - \alpha_3} = \frac{q_4 - q_2}{\alpha_2 - \alpha_4} = \frac{q_4 - q_3}{\alpha_3 - \alpha_4}$$

再者，存在碳交易时的均衡产出。

代表性厂商若是通过碳排放交易来满足碳排放量的约束，利润函数会表现为碳交易收入和支出相互联系，利润函数发生变化。碳排放量超标的厂商为了实现生产而购买碳排放权，导致其生产成本增加，成本函数的变化使得该超标厂商会对产量和排放权的购买量进行权衡。

假设在碳交易过程中，碳排放量的价格 P 对交易各方来说是相等的，买卖之间的交易量也是相等的，因此可以推导出，碳排放量超标的厂商购买排放权的支出部分应该与碳排放量盈余的厂商出售排放权的收益部分相等，可以表示为

$$PQ_1^r + PQ_2^r = PQ_3^r + PQ_4^r$$

也即 $P\Delta Q_1 + P\Delta Q_2 + P\Delta Q_3 + P\Delta Q_4 = 0$。

对单个厂商而言，碳市场交易进行的基础是必须使各厂商的

利润最大化，如此可以转化为求利润函数的最大值问题：

约束条件：

$$P(Q_1^* - Q_1^c) + P(Q_2^* - Q_2^c) = P(Q_3^c - Q_3^*) + P(Q_4^c - Q_4^*)$$

$$Q_1^c + Q_2^c + Q_3^c + Q_4^c = Q^c$$

将碳交易价格 P 代入代表性厂商的利润最大化目标函数，并对其分别求各厂商产量的一阶导数，如下：

$$\begin{cases} \partial U_1/\partial q_1 = a - 2q_1 - q_2 - q_3 - q_4 - c - \alpha_1\beta_1 + 1/(\alpha_1 - \alpha_2) \\ \partial U_2/\partial q_2 = a - q_1 - 2q_2 - q_3 - q_4 - c - \alpha_2\beta_2 + 1/(\alpha_2 - \alpha_3) \\ \partial U_3/\partial q_3 = a - q_1 - q_2 - 2q_3 - q_4 - c - \alpha_3\beta_3 + 1/(\alpha_1 - \alpha_3) \\ \partial U_4/\partial q_4 = a - q_1 - q_2 - q_3 - 2q_4 - c - \alpha_4\beta_4 + 1/(\alpha_1 - \alpha_4) \end{cases}$$

根据约束条件和目标函数的一阶导数等于零，可以求得上式的一个均衡产量点为

$$\begin{cases} q_1'^* = \dfrac{a - c - 4\alpha_1\beta_1 + \alpha_2\beta_2 + \alpha_3\beta_3 + \alpha_4\beta_4}{5} - \dfrac{1}{\alpha_1 - \alpha_2} + \dfrac{1}{\alpha_1 - \alpha_3} + \dfrac{1}{\alpha_1 - \alpha_4} \\ q_2'^* = \dfrac{a - c + \alpha_1\beta_1 - 4\alpha_2\beta_2 + \alpha_3\beta_3 + \alpha_4\beta_4}{5} - \dfrac{1}{\alpha_1 - \alpha_3} + \dfrac{1}{\alpha_2 - \alpha_3} + \dfrac{1}{\alpha_1 - \alpha_4} \\ q_3'^* = \dfrac{a - c + \alpha_1\beta_1 + \alpha_2\beta_2 - 4\alpha_3\beta_3 + \alpha_4\beta_4}{5} \\ q_4'^* = \dfrac{a - c + \alpha_1\beta_1 + \alpha_2\beta_2 + \alpha_3\beta_3 - 4\alpha_4\beta_4}{5} \end{cases}$$

上述为碳配额约束下，四方代表性厂商的经济学模型在厂商联合利润达到最大值时的均衡解。

4.3.2 配额约束下厂商的选择

碳配额全面实施后，产业部门面临着以下四种选择：① 直接减产以降低碳排放；② 不减产，主动研发推动技术进步，降低碳排放；③ 不减产，不研发技术，购买技术实现减排；④ 不减产，不主动研发，不购买技术，购买配额实现生产。王万军（2015）通过深入调研指出，一般厂商会在后面三个选项中做出选择。

由于碳配额政策的实施，碳资源成为和技术一样的特别生产资料，结合包含四方的代表性厂商经济学模型，给出了一般均衡

状态时的如下结果:

$$
\begin{cases}
q_1'^* = \dfrac{a - c - 4\alpha_1\beta_1 + \alpha_2\beta_2 + \alpha_3\beta_3 + \alpha_4\beta_4}{5} - \dfrac{1}{\alpha_1 - \alpha_2} + \dfrac{1}{\alpha_1 - \alpha_3} + \dfrac{1}{\alpha_1 - \alpha_4} \\
q_2'^* = \dfrac{a - c + \alpha_1\beta_1 - 4\alpha_2\beta_2 + \alpha_3\beta_3 + \alpha_4\beta_4}{5} - \dfrac{1}{\alpha_1 - \alpha_3} + \dfrac{1}{\alpha_2 - \alpha_3} + \dfrac{1}{\alpha_1 - \alpha_4} \\
q_3'^* = \dfrac{a - c + \alpha_1\beta_1 + \alpha_2\beta_2 - 4\alpha_3\beta_3 + \alpha_4\beta_4}{5} \\
q_4'^* = \dfrac{a - c + \alpha_1\beta_1 + \alpha_2\beta_2 + \alpha_3\beta_3 - 4\alpha_4\beta_4}{5}
\end{cases}
$$

上述式子中，$q_1'^*$ 和 $q_2'^*$ 为高能耗厂商和较高能耗厂商的最终产出，$q_3'^*$ 和 $q_4'^*$ 为较低能耗和低能耗厂商的最终产出，前面两个式子中的后半部分就是经过减少产量、技术进步以及购买配额后调整的产量情况。

其中，$\dfrac{1}{\alpha_1 - \alpha_2}$代表了碳配额约束下，减少产量对最终产量的影响；$\dfrac{1}{\alpha_1 - \alpha_3}$代表了技术进步实现的最终产量增加；$\dfrac{1}{\alpha_1 - \alpha_4}$代表了购买碳配额实现的最终产量增加。

4.3.3　技术进步偏向特征形成的碳资源“势能”

深入分析代表性厂商模型的研究结果，可以发现厂商或者产业部门在碳配额约束下会面临不同的选择，而厂商或者产业部门的技术进步特征是致使其做出减少产出、技术进步或购买配额的一个重要因素。

为了更加形象地研究产业部门在碳配额约束下的选择倾向，类比物理学领域“势能”的研究，产业部门的技术进步偏向特征，使得其对碳资源的需求产生了不同的变化，部分产业部门由于技术水平高，技术进步偏向其他生产资料，造成其碳资源使用有下降的预期。碳配额政策实施后，碳资源就有了向其他产业部门流动的“冲动”。这种“冲动”有一定的“引力”趋势，可以用产业部门间碳资源流动的“势能”表示这种状态，如图4.2所示。

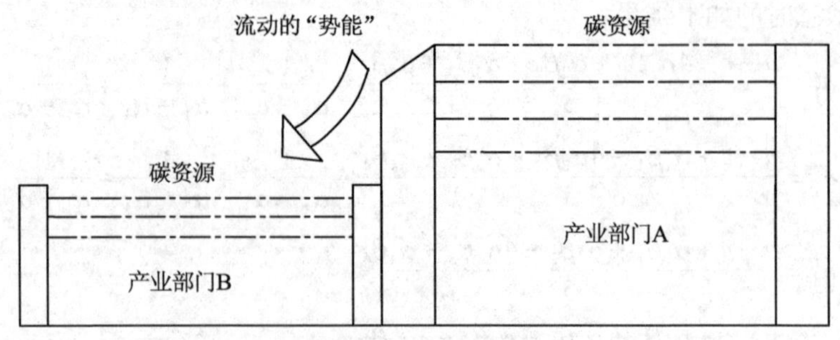

图 4.2　产业部门间碳资源流动的“势能”示意图

4.4　配额约束下产业系统螺旋低碳演化的理论模型

4.4.1　技术进步偏向引致碳资源产业间流动驱动产业系统低碳优化

技术进步的偏向性研究为碳资源在产业部门间流动的研究奠定了基础。众多国内学者的研究表明，我国产业系统的技术进步是具有明显偏向性的。技术进步偏向性的测度最早由 Acemoglu 提出，主要研究技术进步导致资本劳动边际产出比上升或下降的情况，戴天仕、雷钦礼、邵帅、孔宪丽等根据 CES 生产函数对我国产业的技术进步偏向做过深入研究，使用的技术进步偏向指数均是上述函数或其变形。

引入碳配额以后，结合产业部门的要素禀赋结构自身的特征，若生产部门的生产要素结构特征恰好与技术偏向的方向是一致的，那么技术的进步无疑会大大促进该部门生产率的提高，生产率的提高程度会由技术进步偏向大小直接决定。反过来，其技术进步的偏向性会抑制生产率的提高，甚至造成生产率的下降，并且生产率受抑制的程度与技术偏向的程度呈正相关关系。可见，技术偏向性特征与产业部门的碳资源要素禀赋结构，是决定碳资源产业部门间流动的一个重要因素。

4.4.2　碳资源产业间流动倒逼政策优化驱动产业系统低碳优化

配额嵌入后，随着碳交易的实施，相关的保障政策也会进一步确定和落实。为了保障碳资源在产业部门间的合理流动，以驱动产业系统低碳优化运行，一定程度上倒逼配额嵌入后相关的低碳政策优化，其具体倒逼机制如下：① 产业部门间碳资源的流动情况逆向影响相关政策的制定和调整；② 产业部门间碳资源的流动情况对相关政策具有负反馈特征；③ 产业部门间碳交易外部压力内源化是配额嵌入后争取政策倾向的一种有效途径。综上所述，配额嵌入后碳资源会在产业部门间流动，产业部门为了实现自身的效益最大化，会倒逼相关低碳政策，促进熵减，以保障其低碳有效运行。

4.4.3　CTP 驱动产业系统低碳优化运行的螺旋结构特征

国内外众多研究表明技术进步是产业系统低碳优化运行的根本动力。本书拟以技术进步为研究 CTP 驱动产业系统低碳优化运行过程的起点。由于技术进步具有偏向性特征，技术进步对不同产业部门碳资源消耗的边际产出作用效果不同，不同的产业部门间技术进步的偏向方向不同，这就导致其对不同的产业投入等量碳资源却不能得到相同的产出效果，进而推动了产业部门间碳资源的流动，为了保障碳资源的合理流动，必然会倒逼政策优化。动态政策的实施又会进一步改变技术偏向性特征。CTP 螺旋驱动产业系统低碳演化的这种模式，如果以产业系统运行效率作为纵向坐标抽，其螺旋结构的侧视图，如图 4.3 所示。

图 4.3　碳配额视角下产业系统螺旋低碳演化的侧视图

从侧视图 4.3 可以明确 CTP 驱动产业系统低碳优化运行的动态螺旋结构特征：纵向进化和横向循环。从纵向进化角度分析，产业系统在碳配额嵌入后，技术进步、碳资源流动和碳配额相关政策（CTP）交织、重叠、混合的共同作用，使产业系统持续成长，产业系统熵减小，运行效率纵向提高。从横向循环角度分析，配额嵌入后产业系统的低碳运行促进技术进步使碳资源流动，进而倒逼配套政策实施，又进一步影响技术进步偏向，形成横向循环特征。

从俯视图 4.4 可以明确 CTP 驱动产业系统低碳优化运行的静态螺旋结构特征：内核、外场。CTP 作为三个重要的基本影响因素，在驱动产业系统低碳优化运行过程中，各自均对产业系统低碳运行产生重要影响，构成 CTP 驱动产业系统低碳优化运行静态螺旋结构的要素内核。同时，CTP 在驱动产业系统低碳优化运行的时候，又是密切合作、循环作用的，这种交织状态使得 CTP 三者的驱动影响不能明确地分开，也难以定量描绘。参照物理学里“场”的概念，CTP 三要素内在相互作用，作用力向外延伸，且延伸的方式受到前一个状态的“遗传”，形成产业系统低碳演化的“场”。产业系统的低碳演化可以表述成 CTP 三种内核要素在碳配额“场”中相互作用，向外延伸，驱动产业系统持续优化，构成静态螺旋结构内核、外场的特征。

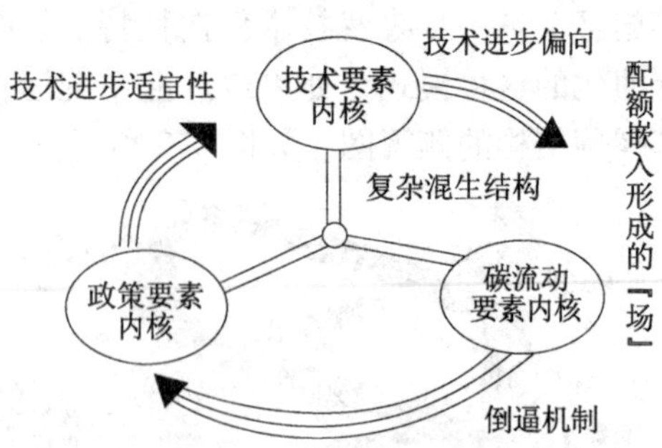

图 4.4　碳配额视角下产业系统螺旋低碳演化的俯视图

4.5　本章小结

本章梳理了现有研究未能深入产业系统内部，从而没有从根源上剖析产业系统低碳演化的内在机理，导致碳配额约束下产业系统低碳优化的政策引导缺乏足够的理论基石，从而使得构建科学的、可操作的产业系统可持续低碳优化缺乏深层次的理论支撑。

将产业系统与耗散结构理论进行对接，简述了产业系统熵变理论的基础，指出产业系统熵较好地反映了配额约束下产业系统动态演化的运行状态。阐述了碳配额政策的实施，形成产业系统低碳演化的“外场”，并基于动态规划理论和汉密尔顿系统的求解，以产业系统极小熵的存在性论证了配额约束下产业系统低碳优化的可行性。

在论述了碳配额形成产业系统熵减“外场”的基础上，本章又结合产业系统熵减的两种方式——“物质交换”和“外力做功”，从理论上详细阐述了碳资源流动、技术进步及政策优化（CTP）对产业系统低碳优化的具体影响，构成配额约束下产业系统低碳演化的“内核”。进一步借助代表性厂商的经济学模型从微观理论上来研究碳配额政策实施后，厂商面临的减排、技术进步及购买配额的选择。

最后，本章以技术进步的偏向特征为切入点，论述了技术进步对不同产业部门碳资源消耗的边际产出作用效果不同，不同的产业部门间技术进步的偏向方向不同，这就导致其对不同的产业投入等量碳资源却不能得到相同的产出效果，进而推动了产业部门间碳资源的流动，为了保障碳资源的合理流动，必然会倒逼政策优化。动态政策的实施又会进一步改变技术偏向性特征。上述动态过程，满足纵向进化和横向循环的动态螺旋结构特征，以及内核、外场的静态螺旋结果特征，因此，从理论上构建了配额约束下产业系统熵减的螺旋低碳演化模型。

第5章　技术进步偏向视角下碳资源流动驱动产业系统低碳演化的研究

为了进一步论述碳资源流动、技术进步及政策优化（CTP）对产业系统熵减的影响，阐明 CTP 驱动产业系统螺旋低碳演化的具体作用机制，描绘其纵向的交织上升和横向的相互影响情况，碳配额全面实施后，产业部门面临着以下四种选择：① 直接减产以降低碳排放；② 不减产，主动研发推动技术进步，降低碳排放；③ 不减产，不研发技术，购买技术实现减排；④ 不减产，不主动研发，不购买技术，购买配额实现生产。本章将以技术进步为研究的切入点，从产业部门的技术进步偏向特征出发，以我国产业部门的相关实际数据论述技术进步偏向将造成产业部门间的碳资源具有从一个产业部门流向另一个产业部门的“势”，从而论证碳配额一旦实施，碳资源就会在产业部门间流动，实现产业系统的熵减，驱动产业系统低碳演化。本章的研究将论证产业系统螺旋低碳演化机制的“半个环节”。

5.1　技术进步偏向对碳资源流动的影响

通过对国内外大量文献的梳理研究可以看出，技术进步是降低碳排放、缓解碳资源消费的重要影响因素，其一定程度上提高了碳资源的使用效率，降低了碳排放强度。王班班（2015）的研究指出，技术进步应该会是中国实现碳减排、降低碳排放强度的主要手段。从经济学原理出发，技术进步通过改变产业部门碳资源与资本、劳动力等生产要素的边际生产率，使得技术进步偏向不同的生产要素，构成技术进步的要素偏向特征。市场机制则是技术进步偏向的具体诱发原因。技术进步偏向特征最终将决定产业部门的碳资源拥有不同的“势能”，构成碳资源流动的基础条件，也是碳资源流动促进产业系统熵减的基础。

5.1.1　技术进步的要素偏向特征

著名经济学家希克斯提出，技术进步可以同比例改变生产要素之间的边际生产率（Marginal Productivity），即技术进步中性；也可以改变不同要素之间的边际替代率（Marginal Rate of Substitution，MRS），即技术进步偏向。一般称后者为偏向型技术进步（Biased Technical Change，BTC）。因为偏向型技术进步可以改变边际替代率，意味着其也可以改变碳资源和其他生产要素的使用比例，这将对我国产业部门的碳减排产生重要影响。可以设想，如果一个产业部门的技术进步偏向节约碳资源，则在碳配额的约束下，该产业部门可以更好地实现碳减排。

因此，本章将基于我国产业部门的相关实际数据，研究一个重要的基本问题：我国的产业部门是否存在碳资源节约的技术进步偏向。如果存在碳资源节约的技术进步偏向，那么碳配额全面实施以后，各个产业部门间对碳资源消费的倾向就会改变，技术进步的偏向型特征会使得产业部门间被限额的碳资源有流动的趋势。这将构成碳配额后的探索技术进步与碳资源流动，从而成为产业系统运行效率优化的基础。

5.1.2　产业系统技术进步偏向的诱发机制

王班班（2014）的研究指出，影响技术进步偏向的主要因素是价格效应和市场规模效应。其中，价格效应是从稀缺资源的角度对技术进步偏向产生影响的。绿色低碳发展的大背景下，产业部门要实现经济增长和要素禀赋的双重约束，特别是稀缺资源在要素中扮演了不可或缺的角色，产业部门实现技术引进和技术研发一定程度上是为了节约稀缺资源，用技术进步来实现稀缺资源的更高生产效率，此时表现出来的就是产业部门的技术进步会偏向于价格昂贵却又不可或缺的稀缺资源，这就是影响技术进步偏向的价格效应。市场规模效应则是指产业部门扩大生产要素的投入从而扩大生产规模，并且扩大规模使得总产出效率得到提升，实现更好的市场占有。从生产要素投入规模扩大到产出效率提升，实现的是要素生产效率的提升，这中间起到关键作用的是技术进步，因为技术进步代表与其他生产要素的匹配，代表了更加适合生产力的生产方式。

总而言之，价格效应的结果是稀缺资源的技术进步偏向，市场规模效应的结果是充裕资源的技术进步偏向。最终决定产业部门技术进步偏向特征的是价格效应和市场规模效应的综合结果，是稀缺资源和充裕资源之间的替代弹性。

进一步分析价格效应和市场规模效应产生的深层次原因，可知是稀缺资源和充裕资源的特征造成的。从市场角度分析，一个产业的产品，如果其贸易程度频繁，则缺乏稀缺度或者替代性也高；反之，产品贸易的频繁程度低，则说明其更为稀缺或者替代性低。此外，产品的工艺水平也是造成稀缺度和替代率变化的重要影响因素。这些因素都在很大程度上影响了产业部门的技术偏向特征。

价格效应和市场规模效应是从市场交易的角度分析产业部门技术进步偏向特征的。除此之外，影响产业部门技术偏向特征的还包括外部固有的经济环境、政府对不同产业实施的政策、产业部门生产者异质性和消费者异质性等非市场化因素。而这些因素也都影响产业部门生产要素的稀缺度和要素的替代率，从而再次影响价格效应和市场规模效应，最终影响产业部门的技术进步偏向，具体过程如图 5.1 所示。

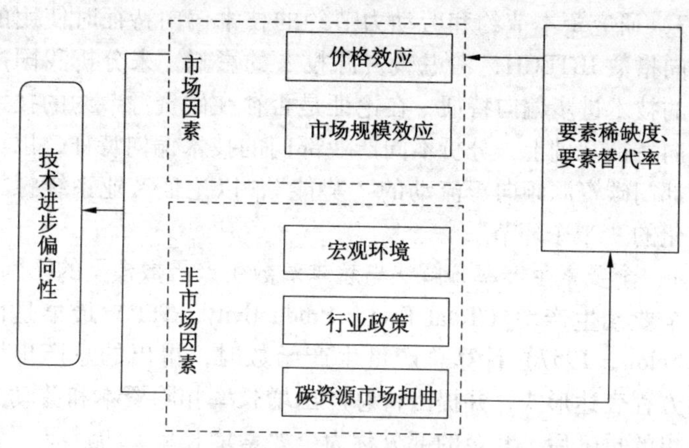

图 5.1　技术进步偏向特征的影响因素及作用机制

综上所述，结合图 5.1 可知，技术进步的偏向特征首先会受到市场因素的影响，主要是价格效应和市场规模效应。此外，技术进步的偏向特征还会受到非市场因素的影响，主要包括宏观环境、行业政策及生产者和消费者异质性产生的市场扭曲的影响。对于要研究的碳资源而言，碳交易市场的价格效应、市场规模效应及宏观的环境政策、行业低碳政策，以及碳资源市场是否扭曲，都将是碳资源节约技术进步偏向特征的重要影响因素。

5.2　技术进步偏向测度的相关方法

关于技术进步的测度，李恒川（2015）给出了较为直接的测度方法，根据 R&D 的投入及累计 R&D 投入构成的技术水平，运用计量的方法测度了技术进步的情况。而经济学领域关于技术进步的测度，更为一般的方法是基于生产函数的形式，使用全要素生产率来表示技术进步的绩效。碳资源节约的产业部门技术进步偏向特征，将表示碳资源与其他生产要素之间的不同边际替代率，因此采用生产函数的形式，从全要素生产率角度分析碳资源节约的技术偏向特征是更为合适的方法。通过借鉴 Fare 等

(1997) 研究资本节约和劳动力节约的技术偏向特征时使用的投入偏向指数 IBTECH，考虑碳资源投入的影响，来分析我国产业部门的技术进步偏向特征，在论证是否存在碳资源节约的技术进步偏向特征基础上，分析不同产业部门的技术偏向特征，以论证产业部门碳资源倾向于流动的“势能”，以论证产业系统螺旋低碳演化的“半个环节”。

5.2.1 全要素生产率分解法与超越对数生产函数模型的区别

全要素生产率（Total Factor Productivity，TFP）最早是由索罗（Solow，1957）计算总产量生产函数时，得出的总产出增长率的方程表达形式，并提出将总产出增长率扣除资本和劳动力对总产出的贡献后，其余的部分称为全要素增长率，也就是“索罗余值”。要基于全要素生产率分解出技术进步偏性指数，就必须估计要素的替代弹性及要素的效率。这方面比较成熟的方法是 Klump 等（2007）基于固定替代弹性生产函数（CES）从供给面系统研究美国的工业部门要素效率时所用的方法。国内学者雷钦礼（2015）也使用全要素生产率的分解方法研究了我国技术进步偏向和全要素生产率。

与全要素生产率分解法不同的是，超越对数生产函数（Translog Production Function）并不是像固定替代弹性生产函数（CES）一样固定替代弹性的，它放松了这个假设，更加充分地反映了生产要素之间的交互作用和替代效应。杨振兵（2016）在研究中国制造业创新技术进步要素偏向时指出，超越对数生产函数研究技术进步偏向性是可以加入时间因素的，从而反映了不同阶段的生产要素投入对技术进步影响的差异性，更好地体现了产业系统发展的内涵。但是，截至目前，在研究技术进步偏向特征方向上，融入资本和劳动力以外生产要素（比如碳资源）的超越对数生产函数的研究尚没有成熟的方法。所以，最终选择全要素生产率分解法对我国产业系统碳资源节约的技术进步偏向进行研究。

5.2.2 基于 DEA－Malmquist 指数分解法的技术偏向指数

关于全要素生产率（TFP）的计算，选择采用 Fare 等

（1994）提出的 DEA - Malmquist 指数法作为衡量 TFP 的计算方法。Fare 等将 Malmquist 指数法和非参数线性规划法与数据包络分析法（DEA）理论相结合，使得 Malmquist 指数法在生产效率测度领域得到了广泛的应用。

DEA - Malmquist 指数可以进一步分解为技术变化指数（TECH）和技术效率变化指数（EFFCH），用以反映生产前沿面的变化及投入要素组合与生产前沿面的距离变化。单单分解成 TECH 指数和 EFFCH 指数，依旧不能很好地反映技术进步的偏向特征，所以 Fare 等又进一步将 TECH 指数分解成为技术的规模变化指数（MATECH）、产出偏向指数（OBTECH）和投入偏向指数（IBTECH），其中，IBTECH 指数就是接下来需要深入研究的投入要素节约的技术进步偏向指数，详见附录 C。

Fare 等（1994）将技术变化指数 TECH 指数具体分解为

$$\text{MATECH} = \frac{D_0^{t+1}(y^t, x^t)}{D_0^t(y^t, x^t)} \tag{5-1}$$

$$\text{OBTECH} = \sqrt{\frac{D_0^{t+1}(y^{t+1}, x^{t+1})}{D_0^t(y^{t+1}, x^{t+1})} \bigg/ \frac{D_0^{t+1}(y^{t+1}, x^t)}{D_0^t(y^{t+1}, x^t)}} \tag{5-2}$$

$$\text{IBTECH} = \sqrt{\frac{D_0^{t+1}(y^{t+1}, x^t)}{D_0^{\,t}(y^{t+1}, x^t)} \bigg/ \frac{D_0^{t+1}(y^t, x^t)}{D_0^t(y^t, x^t)}} \tag{5-3}$$

式中，MATECH 指数代表了技术进步中性，代表了生产前沿面的平移；OBTECH 指数代表了产出的技术进步偏向，是不同比例产出的技术进步增进效应；IBTECH 指数代表了投入要素的技术进步偏向，反映了投入要素之间边际替代率改变影响技术进步的情况。

5.2.3　技术进步偏向的判别方法

IBTECH 指数度量了技术进步对全要素生产率的增进效应或降低效应。但是 Fare 等的研究并未给出技术进步偏向不同投入要素之间的具体分配。Weber 和 Domazlicky（1999）及我国学者王班班和齐绍洲（2015）为了进一步深入探讨技术进步在投入要素之间的偏向，提出了基于投入要素的不同时期，结合 IBTECH 与

1 的大小关系，可以构成不同的组合，进而可以了解投入要素的技术进步偏向特征。

判别投入要素技术进步偏向特征的具体步骤如下：

假设从 t 期至 $t+1$ 期发生了技术进步。图 5.2 中 4 条等产量线 $L^t(y)$，$L_n^{t+1}(y)$，$L_1^{t+1}(y)$，$L_2^{t+1}(y)$代表相同的产出水平。技术进步使得后 3 条等产量线比 $L^t(y)$更靠近原点。如果两种投入之间的边际替代率不变，那么技术进步是希克斯中性的，等产量线平移，图中用 $L_n^{t+1}(y)$表示；如果在保持投入组合不变的情况下，两种要素之间的边际替代率上升（或降低），那么技术进步是使用 x_1(或使用 x_2)的，分别用 $L_1^{t+1}(y)$和 $L_2^{t+1}(y)$表示。x^t 和 x^{t+1}分别表示 t 期至 $t+1$ 期的投入组合比例。

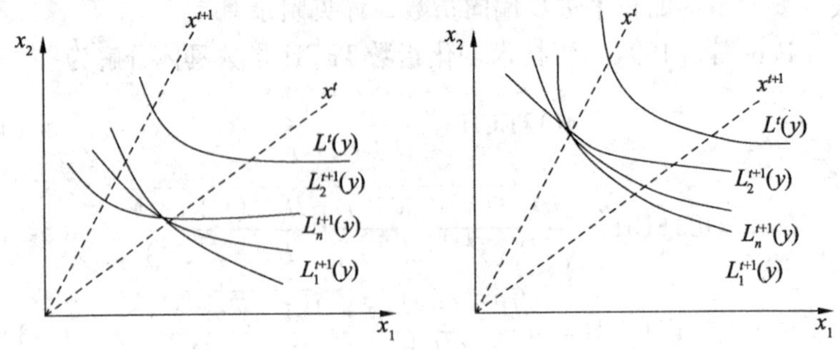

图 5.2　生产前沿面和技术进步偏向型

根据图 5.2 可以得出如下判别方法：当 $x_2^{t+1}/x_1^{t+1} < x_2^t/x_1^t$ 时，IBTECH >1 意味着技术进步是使用 x_1的，IBTECH <1 表示技术进步是使用 x_2 的；当 $x_2^{t+1}/x_1^{t+1} > x_2^t/x_1^t$ 时，情况正好相反。当 IBTECH =1 时，不论投入组合比例是什么情景，技术进步皆是中性的。

当投入变量包括 3 个要素时，根据各年要素间投入比较及 IBTECH 指数，判断技术进步偏向性如表 5.1 所示。

表5.1　投入要素的技术进步偏向判别情况

	IBTECH > 1	IBTECH < 1
$(x_1/x_2)^{t+1} > (x_1/x_2)^t$	技术进步的 x_1 节约与 x_2 使用	技术进步的 x_1 使用与 x_2 节约
$(x_1/x_2)^{t+1} < (x_1/x_2)^t$	技术进步的 x_1 使用与 x_2 节约	技术进步的 x_1 节约与 x_2 使用
$(x_1/x_3)^{t+1} > (x_1/x_3)^t$	技术进步的 x_1 节约与 x_3 使用	技术进步的 x_1 使用与 x_3 节约
$(x_1/x_3)^{t+1} < (x_1/x_3)^t$	技术进步的 x_1 使用与 x_3 节约	技术进步的 x_1 节约与 x_3 使用
$(x_2/x_3)^{t+1} > (x_2/x_3)^t$	技术进步的 x_2 节约与 x_3 使用	技术进步的 x_2 使用与 x_3 节约
$(x_2/x_3)^{t+1} < (x_2/x_3)^t$	技术进步的 x_2 使用与 x_3 节约	技术进步的 x_2 节约与 x_3 使用

5.3　相关指标数据的搜集和整理

采用2001—2014年中国39个工业行业产业部门的面板数据进行回归分析，数据口径统一为规模以上工业企业，具体产业部门为我国39个产业部门：煤炭开采和洗选业(X_1)，石油和天然气开采业(X_2)，黑色金属矿采选业(X_3)，有色金属矿采选业(X_4)，非金属矿采选业(X_5)，其他采矿业(X_6)，农副食品加工业(X_7)，食品制造业(X_8)，饮料制造业(X_9)，烟草制品业(X_{10})，纺织业(X_{11})，纺织服装、鞋、帽制造业(X_{12})，皮革、毛皮、羽毛(线)及其制品业(X_{13})，木材加工及木、竹、藤、棕、草制品业(X_{14})，家具制造业(X_{15})，造纸及纸制品业(X_{16})，印刷业和记录媒介的复制(X_{17})，文教体育用品制造业(X_{18})，石油加工、炼焦及核燃料加工业(X_{19})，化学原料及化学制品制造业(X_{20})，医药制造业(X_{21})，化学纤维制造业(X_{22})，橡胶制品业(X_{23})，塑料制品业(X_{24})，非金属矿物制品业(X_{25})，黑色金属冶炼及压延加工业(X_{26})，有色金属冶炼及压延加工业(X_{27})，金属制品业(X_{28}))，通用设备制造业(X_{29})，专用设备制造业(X_{30}),交通运输设备制造业(X_{31}),电气机械及器材制造业(X_{32}),通信设备、计算机及其他电子设备制造(X_{33}),仪器仪表及文化、办公用机械制造业(X_{34}),工艺品及其他制造业(X_{35}),废弃资源和废旧材料回收加工业(X_{36}),电力、热力的生产和供应业(X_{37}),燃气生产和供应业(X_{38}),水的生产和供应业(X_{39})。数据主要来源于《中国统计年鉴》《中国劳动统计年鉴》《中国工业统计年鉴》和《中国碳资源统计年鉴》。

(1)碳资源投入和价格

参照历年《中国统计年鉴》中的数据,对我国碳强度指标进行模拟,由于没有现成的二氧化碳排放量数据,故根据化石能源消耗进行转换来计算。

$$C_i = \sum_{j=1}^{n} \delta_j N_{ij}$$

式中,C_i为第 i 产业部门的二氧化碳排放量,N_{ij}为第 i 行业部门的第 j 种能源消费量,δ_j第 j 种能源的二氧化碳排放系数。根据《中国统计年鉴》的数据,本书使用的 8 种能源分别指原煤、焦炭、原油、汽油、煤油、柴油、燃料油和天然气,具体如表 5.2 所示。其中平均低位发热量数据来源于《综合能耗计算通则》(GB/T 2589—2008),碳氧化率数据来源于《省级温室气体清单编制指南》(发改办气候〔2011〕1041 号)。二氧化碳排放系数计算公式如下:

$$\text{二氧化碳排放系数} = \frac{44}{12} \times \text{平均低位发热量} \times \text{单位热值含碳量} \times 10^{-6} \times \text{碳氧化率} \times 10^3$$

表 5.2 各能源的数据说明

燃料名称	平均低位发热量/(kJ/kg, m³)	折标准煤系数/(kg ce/kg, m³)	单位热值含碳量/(tc/TJ)	碳氧化率	二氧化碳排放系数/(kg ce/kg, m³)
原煤	20908	0.7143	26.37	0.94	1.9003
焦炭	28435	0.9714	29.50	0.93	2.8604
原油	41816	1.4286	20.10	0.98	3.0202

续表

燃料名称	平均低位发热量/（kJ/kg，m³）	折标准煤系数/（kg ce/kg，m³）	单位热值含碳量/（tc/TJ）	碳氧化率	二氧化碳排放系数/（kg ce/kg，m³）
汽油	43070	1.4714	18.90	0.98	2.9251
煤油	43070	1.4714	19.50	0.98	3.0179
柴油	42652	1.4571	20.20	0.98	3.0959
燃料油	41816	1.4286	21.10	0.98	3.1705
天然气	38931	1.3300	15.30	0.99	2.1622

注：① 天然气的单位是 m^3，其他的燃料单位都是 kg；
② 低(位)发热量等于 29307 kJ 的燃料，称为 1 千克标准煤(1 kg ce)。

（2）资本投入

资本投入（K）参考王班班（2015）的做法，使用各个产业部门的资本存量数据。具体计算，采用永续盘存法对 2001—2014 年各行业的资本存量数据进行估算，具体方法为

$$K_{it} = K_{it-1}(1 - \delta_{it}) + I_{it}$$

（3）劳动力投入

劳动力投入（L）采用各产业部门的年平均从业人员，数据来源于《中国统计年鉴》和《中国工业统计年鉴》。

（4）原材料投入和价格

原材料投入（M）不能从统计年鉴中直接获取，但是原材料投入包括在主营业务成本中，根据主营业务成本的定义，主营业务成本包括原材料成本、直接人工成本和制造费用，而主营业务成本、直接人工成本和制造费用都可以在工业经济统计年鉴中获取，这样就可以得到原材料投入。

（5）技术进步

技术进步的相关数据参考李恒川（2015）的做法，由累计的技术进步水平（T）和新的 R&D 投入（R）两部分组成，并且详细计算了其折旧率 μ 和吸收率 v 等因素，具体公式如下：

$$T_t = \mu T_t - 1 + vR$$

5.4 基于技术进步偏向的碳资源流动趋势实证研究

基于5.2中关于技术进步偏向测度的公式，结合我国39个产业部门2001—2014年的数据，可以计算包含资本（K）、劳动力（L）、碳资源（C）及原材料投入（M）4种投入要素的IBTECH指数。

在式（5-1）至式（5-3）中涉及的谢泼德（Shephard）距离函数就是附录B中所定义的形式。计算这些距离函数时将使用数据包络分析（DEA）技术。对于每个DMU，即保持决策单元，k′是指每个工业行业，距离函数可以通过计算解决方案的线性规划（LP）得到，相关假设及模型为

$$[D_0^{t+i}(x_{k'}^{t+j}, y_{k'}^{t+q})]^{-1} = \max_{\theta, z_k^{t+i}} \theta^{k'}$$

约束条件：

$$-\theta^{k'} y_{k',m}^{t+q} + \sum_{k=1}^{K} z_k^{t+i} y_{k,m}^{t+i} \geqslant 0, m = 1,2,\cdots,M$$

$$x_{k'}^{t+j} - \sum_{k=1}^{K} z_k^{t+i} x_{k+n}^{t+j} \geqslant 0, n = 1,2,\cdots,N$$

$$z_k^{t+i} \geqslant 0, k = 1,2,\cdots,K$$

（1）将原始数据储存在Excel中，并进行数据的标准化处理。

（2）利用R语言Rcmdr软件包调用Excel中的数据。

（3）利用R语言Benchmarking软件包对数据进行处理。

具体程序：

```
x1 <- c (…)
x2 <- c (…)
x3  <- c (…)
x4  <- c (…)
x  <- cbind (x1, x2, x3, x4)
y  <- matrix (1, nrow = dim (x) [1])
```

```
#定义数据结构
e <—dea (x, y)
A <—eff (e)
```

(4) 利用 R 语言的 FEAR 程序包（注：FEAR 程序包需向开发作者索要认证）中的 Malmquist 函数直接计算 Malmquist 指数。

上述线性规划中，跟各个指数计算相关的距离函数有 6 个，$[D_0^t(x_{k'}^t, y_{k'}^t)]^{-1}$ 由 $(i, j, q) = (0, 0, 0)$ 时计算得到，$[D_0^{t+1}(x_k^{t+1}, y_{k'}^{t+1})]^{-1}$ 由 $(i, j, q) = (1, 1, 1)$ 时计算得到，$[D_0^t(x_{k'}^{t+1}, y_{k'}^{t+1})]^{-1}$ 由 $(i, j, q) = (0, 1, 1)$ 时计算得到，$[D_0^{t+1}(x_{k'}^t, y_{k'}^{t+1})]^{-1}$ 由 $(i, j, q) = (1, 0, 1)$ 时计算得到，$[D_0^{t+1}(x_{k'}^{t+1}, y_{k'}^t)]^{-1}$ 由 $(i, j, q) = (1, 1, 0)$ 时计算得到，$[D_0^{t+1}(x_{k'}^t, y_{k'}^t)]^{-1}$ 由 $(i, j, q) = (1, 0, 0)$ 时计算得到。

此外，N 代表了投入要素的样本数量，M' 代表了产出的样本数量，K' 代表了工业行业的样本数量，θ 是用来衡量一组输入变量输入后的输出变量的向量组，z_k^{t+i} 是一个强度变量，是指生产单位 k 生产时采用的生产强度。

5.4.1　基于 Malmquist 指数分解的技术偏向模型实现

采用 R 语言中的 Benchmarking 程序包对上面的各个指数中的距离函数进行实证计算，然后计算 Malmquist 指数及其分解的各指数，并且使用 R 语言中的 FEAR 程序包 Malmquist 函数对 Malmquist 指数进行了计算验证，得到数据结果如表 5.3 所示。

表 5.3　2000－2014 年我国产业部门各指数情况

	MALM	EC	TC	IBTC		MALM	EC	TC	IBTC
X_1	1.0023	1.0004	1.0019	1.0003	X_{21}	1.0065	1.0057	1.0008	1.0009
X_2	1.0035	1.0007	1.0028	1.0015	X_{22}	1.0354	1.0347	1.0007	1.0021
X_3	1.0048	1.0012	1.0036	1.0007	X_{23}	1.0950	1.0934	1.0015	1.0025
X_4	1.0036	1.0009	1.0027	1.0008	X_{24}	1.0402	1.0078	1.0321	1.0027
X_5	1.0038	0.9979	1.0059	1.0021	X_{25}	1.0349	1.0329	1.0019	1.0007

续表

	MALM	EC	TC	IBTC		MALM	EC	TC	IBTC
X_6	1.0061	1.0017	1.0044	1.0015	X_{26}	1.0751	0.9577	1.1226	1.0005
X_7	1.0067	1.0021	1.0046	1.0026	X_{27}	1.0452	1.0438	1.0013	1.0015
X_8	1.0045	1.0019	1.0026	1.0009	X_{28}	1.0311	1.0306	1.0005	1.0014
X_9	1.0119	0.9993	1.0126	1.0005	X_{29}	1.0021	1.0006	1.0015	1.0016
X_{10}	1.0138	1.0017	1.0121	1.0013	X_{30}	1.0345	1.0321	1.0023	1.0005
X_{11}	1.0188	0.9962	1.0227	1.0023	X_{31}	1.0048	1.0027	1.0021	1.0013
X_{12}	1.0438	1.0018	1.0419	1.0021	X_{32}	1.0437	1.0019	1.0417	1.0018
X_{13}	1.0306	0.9978	1.0329	1.0012	X_{33}	1.0038	1.0029	1.0009	1.0008
X_{14}	1.0144	1.0017	1.0127	1.0009	X_{34}	1.0381	1.0027	1.0353	1.0027
X_{15}	1.0108	1.0079	1.0029	1.0003	X_{35}	1.0397	1.0429	0.9969	1.0011
X_{16}	1.0060	1.0048	1.0012	1.0015	X_{36}	1.0029	1.0012	1.0017	1.0013
X_{17}	1.0129	1.0012	1.0117	1.0017	X_{37}	1.0048	1.0017	1.0031	1.0004
X_{18}	1.0230	1.0007	1.0223	1.0031	X_{38}	1.0698	1.0023	1.0673	1.0023
X_{19}	1.0240	1.0021	1.0219	1.0019	X_{39}	1.0507	1.0519	0.9989	1.002
X_{20}	1.0175	1.0032	1.0143	1.0011					

表中，MALM 为 Malmquist 生产率指数，EC 为效率变化指数，TC 为技术变化指数，IBTC 为投入偏向指数。

此外，通过计算 39 个产业部门 2001—2014 年整体的技术偏向指数和“十五”“十一五”期间的技术偏向指数，以期更深入地研究不同时间段我国产业系统的技术偏向特征，具体数据也列于表 5.3 中。

5.4.2 我国产业部门 Malmquist 指数分解情况分析

（1）我国产业系统存在技术进步偏向且对生产率有增益效应

从表 5.3 中 2001—2014 年我国产业部门的技术进步偏向指数 IBTECH 来看，所有产业部门的 IBTECH 值都略大于 1，表明我国各产业部门存在明显的技术进步偏向，且技术进步的偏向特征对我国的产业部门产生了增益效应。逐年分析我国 39 个产业部门的 IBTECH 指数，可以发现其平均值大于 1。这个结果表明，从

2001—2014 年期间，技术进步的偏向性特征对中国产业部门的全要素生产率（TFP）有正面的增益影响。

此外，表 5.3 的结果还表明，我国 39 个产业部门 2001—2014 年整体的 IBTECH 指数，以及“十五”“十一五”期间的 IBTECH 指数也都大于1，充分说明了一个结论：“我国产业系统存在技术进步偏向且对生产率有增益效应。”

（2）我国产业系统技术偏向特征稳定

具体分析表 5.3 中 IBTECH 指数的各个数值，可以发现，IBTECH 指数均略大于1，虽然上升的幅度不大，但是变线非常稳定。对比表 5.3 中各个产业部门全要素生产率指数的情况，可以发现，全要素生产率存在着一定的波动，但是 IBTECH 指数表现稳定，技术进步偏向特征构成我国产业部门全要素生产率提升的稳定贡献因素。

5.4.3　我国产业部门碳资源技术进步偏向的整体情况

通过计算我国 39 个产业部门的 IBTECH 指数可以得到结论：技术进步偏向特征对产业系统全要素生产率有增益效应，但为了更深入地了解我国产业部门的技术进步偏向哪些生产要素，即得到产业部门具体要素节约的技术进步偏向特征。在计算得到我国产业部门 IBTECH 指数的基础上，可以根据 Weber 和 Domazlicky（1999）及我国学者王班班和齐绍洲（2015）提出的要素节约型技术进步偏向的判别原则，结合邻近两期的要素投入组合比例情况，对我国产业系统的要素节约型技术进步偏向做深入分析。使用资本、劳动力、碳资源及原材料 4 种投入要素做分析，目的是要研究碳资源节约的技术进步偏向，所以要将技术进步在碳资源与资本 C/K、碳资源与劳动力 C/L、碳资源与原材料投入 C/M 之间是否节约碳资源 C 作为分析判别依据，探讨节约碳资源技术进步随时间变化的趋势及其在产业部门间的分布情况。

综合比较分析我国产业部分 2001—2014 年技术偏向指数 IBTECH 与 1 之间的大小，可以发展绝大多数产业部门的技术偏向指数 IBTECH 大于等于 1，如图 5.3 所示。这说明对我国各个产业部门而言，总体上要素的技术进步偏向对产业部门的全要素增长率有促进作用。表5.4右半部分给出了根据技术进步要素偏向性判别方法得出的实证结果。结果显示，整体上，我国产业系统的技术进步特征偏向碳资源节约。具体分析碳资源与资本投入的情况，表5.4中*C/K*所在列的数据结果显示，除了2002—2005年4年的结果大于1外，其余10年均小于1，说明总体上在资本和碳资源之间，我国的产业系统偏向碳资源节约。表5.4中*C/L*所在列的数据结果显示，只有2008年、2010年、2012年及2014年的值小于1，其余均大于1，表明总体上在资本和劳动力之间，我国的产业系统偏向劳动力节约。表5.4中*C/M*所在列的数据结果显示，2001—2014年的值都小于1，表明在资本和原材料投入之间，我国的产业系统偏向碳资源节约。这个结果与王班班（2015）的研究结果相对一致。同时，这个结果也一定程度上说明了，2001年以来我国产业系统的技术进步是促进碳减排的。

表5.4　我国产业部门技术进步偏向分布和要素偏向情况

年份	IBTECH			$\frac{(C/K)^{t+1}}{(C/K)^t}$	$\frac{(C/L)^{t+1}}{(C/L)^t}$	$\frac{(C/M)^{t+1}}{(C/M)^t}$
	>1	<1	=1			
2001	16	7	16	0.9777	1.0543	0.9562
2002	15	7	17	1.0164	1.0443	0.9197
2003	15	7	17	1.0604	1.0901	0.9102
2004	19	6	14	1.0109	1.0139	0.9077
2005	17	7	15	1.0181	1.0624	0.9442
2006	17	7	15	0.9675	1.0287	0.9056
2007	15	6	18	0.9593	1.0137	0.8979
2008	15	7	17	0.8903	0.9308	0.8994
2009	15	7	17	0.9164	1.0682	0.9011
2010	17	6	16	0.9193	0.9665	0.879
2011	19	7	13	0.9917	1.0117	0.9982
2012	19	8	12	0.9327	0.9992	0.8051
2013	19	7	13	0.9145	1.0053	0.8366
2014	18	7	14	0.9113	0.9572	0.8767

5.4.4　我国产业部门技术进步的要素偏向分析

在分析技术进步在我国产业系统整体的要素偏向后，根据研究目的，将继续深入探讨碳资源在不同产业部门之间的技术进步偏向特征，从而明确由于技术进步的偏向特征，造成产业部门碳资源拥有的流动性“势能”。

在分析我国 39 个部门的技术进步要素偏向特征时，考虑到严格意义上，碳资源属于原材料投入的一个部分，属于产业部门的中间投入，所以着重分析了资本、劳动力与碳资源之间的偏向特征。为了方便展示，借助十字坐标的方法，将 39 个产业部门碳资源与资本、劳动力的技术进步偏向特征做一展示，如图 5.3 所示。

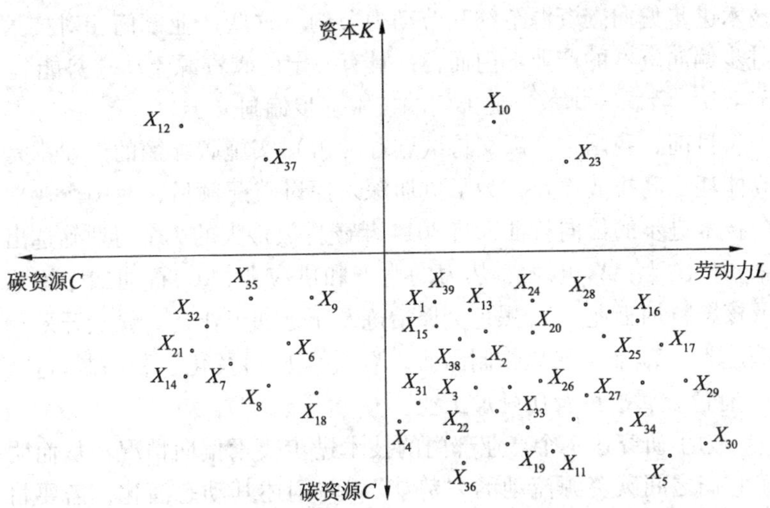

图 5.3　我国产业部门技术进步偏向要素的分布情况

从图 5.3 可知，我国产业部门中有 9 个产业部门在 C/K 和 C/L 之间，技术进步均偏向碳资源节约，具体为其他采矿业（X_6），农副食品加工业（X_7），食品制造业（X_8），饮料制造业（X_9），木材加工及木、竹、藤、棕、草制品业（X_{14}），文教体育用品制造业（X_{18}），医药制造业（X_{21}），电气机械及器材制造业

（X_{32}），工艺品及其他制造业（X_{35}），这些产业部门可以认定为其碳资源具有较高的流出冲动，即具有较高的“势能”。而这些产业本身也处于技术水平比较高的行业。

另外，我国39个产业部门中烟草制品业（X_{10}）和橡胶制品业（X_{23}）的技术进步偏向资本和劳动力节约，表明这两个产业部门并没有碳资源向外流动的“势能”，分析其原因可以发现，这两个产业部门均属于规模较小的产业部门，相对特殊。

此外，行业纺织服装、鞋、帽制造业（X_{12}）和电力、热力的生产和供应业（X_{37}）的技术进步偏向资本和碳资源节约，这两个产业部门相对比技术进步偏向劳动力的产业部门，具有一定的碳资源流动“势能”。其余26个产业部门在 C/K 和 C/L 之间，技术进步偏向碳资源节约和劳动力节约。这些产业部门相对技术进步偏向资本的产业部门而言，具有一定的碳资源流动“势能”。

5.4.5 我国高排放产业部门的技术进步偏向分析

目前，我国7个碳交易试点省（市）实施碳配额的产业都是高能耗、高排放产业，为了更加深入探讨碳配额后，我国产业部门技术进步的偏向特征，将2014年碳排放最大的7个行业筛选出来，依次为：X_{37}电力、热力的生产和供应业，X_{19}石油加工炼焦及核燃料加工业，X_{26}黑色金属冶炼及压延加工业，X_{1}煤炭开采和洗选业，X_{25}非金属矿物制品业，X_{20}化学原料及化学制品制造业，X_{27}有色金属冶炼及压延加工业。

为了研究这7个产业部门的技术进步要素偏向情况，从而明确它们之间碳资源流动的“势能”，并阐述其动态演化，需要将2001—2014年分成三个阶段，2001—2005年是“十五”期间，2006—2010年属于“十一五”期间，2011—2014年虽然没有到2015年，但是大体能够代表“十二五”期间的发展状况。通过计算及整理三个阶段的技术进步偏向情况，可以得到表5.5的数据结果。

从表5.5可以看出，这7个产业部门的技术进步偏向特征在碳资源与资本和碳资源与原材料投入之间，逐步偏向碳资源节约，而在碳资源与劳动力之间是偏向劳动力节约的。这个结果说明了两方面的问题，一是我国产业部门的人口红利正在逐渐消失，二是我国产业部门的技术进步使得整个产业部门偏向碳资源节约，产业系统运行处于逐步优化的过程中。

表 5.5　我国高能耗产业部门各阶段的技术进步要素偏向情况

行业编号	"十五"期间			"十一五"期间			"十二五"期间		
	C/K	*C/L*	*C/M*	*C/K*	*C/L*	*C/M*	*C/K*	*C/L*	*C/M*
X_{37}	*C*	*L*	*C*	*C*	*L*	*C*	*C*	*L*	*C*
X_{19}	*K*	*L*	*C*	*C*	*C*	*C*	*C*	*L*	*C*
X_{26}	*K*	*L*	*C*	*C*	*L*	*C*	*C*	*L*	*C*
X_{1}	*C*	*L*	*C*	*N*	*N*	*N*	*C*	*L*	*C*
X_{25}	*K*	*L*	*C*	*C*	*L*	*C*	*C*	*L*	*C*
X_{20}	*K*	*L*	*C*	*C*	*C*	*C*	*C*	*L*	*C*
X_{27}	*K*	*L*	*C*	*C*	*C*	*C*	*C*	*L*	*C*

本部分虽然没有进一步探讨 7 个高排放产业部门的技术进步偏向特征，但是得到了另一个重要的结论：我国产业部门的技术进步使得整个产业部门偏向碳资源节约，产业系统运行处于逐步优化的过程中。进一步论证了技术进步偏向使得碳资源存在产业部门间流动的不同"势能"，而这种碳资源流动的"势能"，即产业部门的技术进步偏向碳资源节约的特征，使得产业系统处于持续低碳优化的熵减状态，佐证了碳资源流动、技术进步及政策优化（CTP）驱动产业系统螺旋低碳演化的"半个环节"。

5.5　本章小结

本章为了进一步论述碳资源流动、技术进步以及政策优化（CTP）对产业系统熵减的影响，阐明 CTP 驱动产业系统螺旋低碳演化的具体作用机制，描绘其纵向的交织上升和横向的相互影响情况，以技术进步为研究的切入点，从产业部门的技术进步偏向特征出发，以我国产业部门的相关实际数据论述技术进步偏向将造成产业部门间的碳资源具有从一个产业部门流向另一个产业部门的“势能”，从而论证碳配额一旦实施，碳资源就会在产业部门间流动，实现产业系统的熵减，驱动产业系统低碳演化。

首先，在阐述技术进步的要素偏向特征和技术进步要素偏向诱发机制的基础上，探讨由于厂商或者产业部门，不同的技术进步偏向特征是造成厂商或者产业部门做出减少产出、技术进步还是购买配额的一个重要因素，并提出类比物理学领域“势能”的研究，用碳资源流动的“势能”描绘由技术进步偏向特征引起的产业部门间碳资源流动的趋势，构成产业系统螺旋低碳演化机理阐述的“半个环节”的理论基础。

其次，对比了全要素生产率分解法和超越对数生产函数在研究技术进步偏向特征方面的区别，选择全要素生产率分解法中的DEA－Malmquist 指数分解法对我国产业部门的技术进步偏向特征进行研究，并参照 Weber 和 Domazlicky（1999）及我国学者王班班和齐绍洲（2015）的研究确定了技术进步偏向的判别方法，为进一步深入研究奠定了方法论基础。

最后，基于我国 39 个产业部门 2001—2014 年的实际数据，借助 R 软件的 DEA－Malmquist 指数分解法实证分析，得出结论：① 我国产业系统存在技术进步偏向且对生产率有增益效应；② 我国产业系统技术偏向特征稳定；③ 我国产业系统的技术进步整体偏向于碳资源节约；④ 通过图 5.3 可以整理出有 9 个产业部门偏向碳资源节约，有 2 个产业完全不偏向碳资源节约，论证了碳资源流动的“势能”；⑤ 我国产业部门的技术进步使得整个产业部门偏向碳资源节约，产业系统运行处于逐步优化的过程中。

第6章　碳配额约束下政策优化驱动产业系统低碳演化的研究

第5章研究了配额约束下碳资源流动驱动产业系统低碳演化，构成CTP驱动产业系统螺旋低碳演化的“半个环节”。在碳配额背景下，随着碳交易的实施，相关的保障政策也会进一步确定和落实。为了保障碳资源在产业部门间的合理流动，以驱动产业系统低碳优化运行，一定程度上倒逼配额嵌入后相关的低碳政策优化，其具体倒逼机制如下：① 产业部门间碳资源的流动情况逆向影响相关政策制定和调整；② 产业部门间碳资源的流动情况对相关政策具有负反馈特征；③ 产业部门间碳交易外部压力内源化是配额嵌入后争取政策倾向的一种有效途径。配额政策实施后碳资源会在产业部门间流动，产业部门为了实现自身的效益最大化，会倒逼相关低碳政策，促进熵减，以保障其低碳有效运行，这就构成了CTP驱动产业系统螺旋低碳演化的另外“半个环节”。

本章拟通过对碳配额政策的梳理，分析配额政策实施对试点区域产业系统的影响，进而借助DID工具，基于我国碳交易试点省（市）和遴选的对照组，对配额政策影响产业系统低碳演化的规律进行深入分析，从而论证政策优化对碳资源流动的倒逼机制和对产业部门技术进步特征重构的影响，结合产业系统的熵减，佐证CTP驱动产业系统螺旋低碳演化的另外“半个环节”。

6.1　碳配额政策的梳理

2015年以来，我国已经多次向世界发表声明，我国将于2017年启动全国性的碳交易市场构建。但是，从国外关于碳交易市场构建的经验来看，全国性的碳交易市场涉及社会经济的多个领域，是一项宏大的社会实践，对我国而言也是一项重大的制度创新。

为了通过对碳交易试点的探索，弄清楚碳交易市场的具体运行特点和可能发生的问题，为全国统一碳市场的建立提供宝贵经验，我国于2011年11月开启了北京、上海、天津、重庆、深圳、湖北、广东（“两省五市”）作为我国的碳交易试点。

梳理我国碳交易试点的配额政策特点，可以概述为“一个核心、两个保障、三个覆盖”。

（1）一个核心：碳配额政策的设计要以碳价格显现为核心

国内外众多文献显示，衡量碳交易市场有效性的一个重要标志就是碳价格。齐绍洲（2016）研究指出，碳价格构成了产业部门减排成本核算的重要决定因素，是产业部门低碳投资和减排决策实现“引导－博弈－响应”的重要信号。政府“看不见的手”是碳交易市场建立和发展的推动力，而市场机制则是碳交易市场有效运行的保障。在市场竞争机制和供求机制的共同作用下，政府的相关部门给碳配额定价，价格机制在碳交易市场中发挥作用，引导碳资源在产业部门间的合理流动，实现优化配置，促使产业部门推进绿色低碳生产。碳交易市场中，碳价格显现的重要条件包括准确的排放数据、严格的履约法规、从紧的配额总量、相当规模的交易量、适度的流动性、碳金融创新和多元化的投资者结构。

（2）两个保障：碳配额政策的落实要以法律和数据为保障

我国碳交易市场配套的相关法律法规并不完善，节能减排大方向的法律法规也还需加快研究和指导，并不断创新开发能源节约项目。各碳交易试点所在的地方政府一直在不断加大对节能减排的扶持力度，优化项目的审批业务流程，以及指导项目业主在项目开发的前期开展针对碳配额的相关研究。另外，碳配额政策实施后，碳排放权成为一种可以交易乃至金融交易的稀缺性资源，但是我国的融资渠道相对而言比较有限，各类交易在前期需要大量的资本投入，为此地方政府应该放宽经济政策，帮助相关企业创造较好的碳交易投资融资的环境。

此外，碳配额政策的落实还需要结合碳排放数据和区域内的社会经济发展数据。从成本角度考虑，企业或者厂商最终选择碳交易是否进行，需要根据本身的历史碳排放数据及碳交易成本进行综合考虑。所以，碳配额政策的落实需要高质量的数据资料作为基础，特别是在大数据时代，借助大数据工具，从指标体系设计标准化、统计分工专业化以及数据采集集体化等途径动态监测碳排放数据和碳交易数据，将会成为碳配额政策落实的重要保障。

（3）三个覆盖：碳配额需要覆盖二氧化碳、覆盖“高大上”厂商、覆盖直接排放和间接排放

我国碳交易试点碳配额政策的实施主要覆盖了二氧化碳排放，一方面是因为我国目前对于其他温室气体的排放检测和数据获取技术薄弱，基础相对于发达国家和地区较差；另一方面是因为温室气体排放中，二氧化碳排放的比例占70%以上。同时，根据国外碳交易市场建设的经验，初期一般都是只覆盖二氧化碳。

目前，我国碳配额覆盖分直接排放和间接排放，这主要是由我国部分高排放产业的特点决定的。比如电力行业，我国的电价是政府管制的，从而电力的价格成本无法传递给具体的消费单位，所以只对电力企业进行直接的排放覆盖，电力企业成本升高的同时，消费单位却不会有影响，这显然不符合电力行业的发展及促进碳减排的真正实施。所以消费单位，特别是工业企业用户，纳入间接排放后将承担碳排放的间接成本，将有助于消费侧的减排。纳入间接排放是电力市场发展不完全的一个方案，由我国现有的电力体制决定。

我国目前碳交易试点的主要对象是“高、大、上”的排放单位，纳入碳配额的企业选择宗旨就是“抓大放小”，因为高能耗、高排放的单位一般都是大型生产商，在整个经济发展和总排放量中占比很高，所以对这些单位进行碳配额政策实施，既减少了碳

市场建设初期的管理成本和运行难度，又可以很大程度上实现减排并反映碳市场的问题。

6.2 碳配额政策实施对试点区域产业系统低碳演化的影响

碳配额政策实施后，相关的产业系统低碳演化会受到显著的影响，这种影响从理论上和实际上是怎样变化的，是本章需要进一步深入研究的方向。

本节首先基于经济学模型，给出配额政策实施对试点区域产业系统低碳演化影响的理论分析。拟从经济学模型出发，探讨配额政策对产出约束、碳排放量、社会福利及产业决策的具体影响。

经济学模型将使用典型的代表性厂商模型。假设，一个厂商，在碳配额政策实施后，面临着是减少产量、技术进步还是购买配额的选择，需要对后面的生产进行决策。按照我国目前实施的碳配额分配方法，可以假设厂商会获得一个免费配额 C，政府也给了厂商在碳交易市场上自由购买或出售碳配额的权利。

此外，还需假设该厂商在市场上购买一单位配额的价格是 b，出售一单位配额的价格是 s，暂时忽略交易成本。

根据一般微观经济学模型的经验，产品的价格和需求量一般定义为 p 和 q，它们之间满足关系 $q=\alpha-\beta p$，其中，α 为截距，可以看作市场潜在需求量，β 为价格对产量的影响系数。将上述式子变形为

$$p=\alpha/\beta-q/\beta \tag{6-1}$$

设 c 为厂商的单位生产成本，则有 $\alpha/\beta \geqslant q/\beta > c$。记 π 为产品的利润，则可以得到

$$\pi=pq-cq=\alpha q/\beta-q^2/\beta-cq \tag{6-2}$$

设厂商生产单个产品的排放量为 e，则厂商总的碳排放量为 $E=eq$。

根据李恒川（2015）的研究可知，厂商在碳配额约束下，会

选择通过调节产量、技术进步策略及配额买卖策略来达到控制总排放量的目的。

若 $E \leqslant C$，此时厂商生产需要的总排放量低于配额值，则厂商有向市场出售碳配额的倾向；

若 $C \leqslant E$，则厂商的碳配额无法满足生产需求的总排放量，厂商有从市场上购买配额的倾向。

厂商的总收益可以表达为

$$W = [\pi + s(C - eq)^{+} - b(eq - C)^{+}] \tag{6-3}$$

6.2.1　碳配额政策对产出约束的影响

考虑整个代表性厂商经济学模型的背景，政府是碳配额政策的制定者及碳交易机制初始配额的确定者，在政府确定了碳交易的整套流程后，产业部门面临着减少产量、技术进步及购买配额的选择，在技术水平较高、用不完自身配额的情况下，产业部门会向碳交易市场出售自己的碳配额；反之，则会从碳市场中购买碳配额。从生产角度分析，产业部门也会生产低碳产品，提供给消费者。具体方式如图 6.1 所示。

结合代表性厂商经济学模型：厂商出售碳配额时，可以表示为 $E \leqslant C \leqslant \overline{E}$ 或者 $E \leqslant \overline{E} \leqslant C$，其中，$E$ 代表总排放量，C 代表初始碳配额，$\overline{E}$ 代表发挥全部产能需要的碳排放量。反之，厂商会选择购买碳配额。

上述模型中，考虑了厂商的产能情况，而厂商实际产出和产能之间的差距就代表了产出约束。设厂商的产能为 $\overline{q}$，则产商的产能决定的排放应该为 $E \leqslant e\,\overline{q}$。考虑碳配额对产出的约束，结合式（6-3）可以得到厂商的总体收益 W：

$$W = \max_{q \leqslant \overline{q}} [\pi + s(C - eq)^{+} - b(eq - C)^{+}] \tag{6-4}$$

通过对式（6-4）的计算，厂商可以在碳配额政策实施后，对自身的生产量和碳排放量及是否购买碳配额进行有效决策。

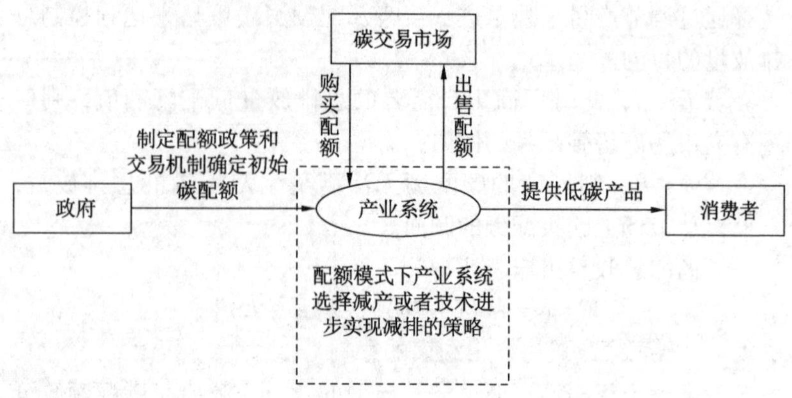

图 6.1 碳配额影响产业系统的具体方式

6.2.2 碳配额政策对碳排放量的影响

通过分析考虑厂商产能的经济学模型可知，碳配额会影响厂商的产出约束，产出约束又会进一步影响厂商的碳排放决策。本节将深入探讨配额政策经由产出约束影响碳排放量的情况。

考虑到实际生产，政府在制定初始碳配额时，给予厂商的碳配额一般会低于最大产能下的碳排放量，不然不可能实现减排，所以就有 $C<\overline{E}$。故接下来的关键问题就变成，在 $C<\overline{E}$ 的情形下，碳配额对最优碳排放量的影响。

代表性厂商模型中，政府制定的碳配额没有具体给定，参考任杰（2015）研究中类似的假定，以及在不考虑购买碳排放权时，厂商的边际利润为 0 时的排放量为 C_1；在考虑购买碳排放权时，厂商的边际利润为 0 时的排放量为 C_2。

（1）当 $C_1<C_2<C$

碳配额下厂商的最优排放量为

$$E^*=\begin{cases}\overline{E}, & \overline{E}\leqslant C_1\\ C_1, & C_1<\overline{E}\leqslant C_2\\ C_2, & \overline{E}\geqslant C_2\end{cases}$$

上述公式给出了厂商在得到政府分配了较大配额的情形下（$C_1<C_2<C$），当厂商本身产能较小时，会以最大产能进行生产；

当厂商的产能在两个临界值 C_1 和 C_2 之间时，会以较小的临界值 C_1 进行生产；当厂商的产能大于较小的临界值时，厂商最终将以 C_2 进行生产，具体如图 6.2 a 所示。可见，$C_1 < C_2 < C$ 的情形下，厂商不会生产超过配额排放的产品，而是会出售部分配额。

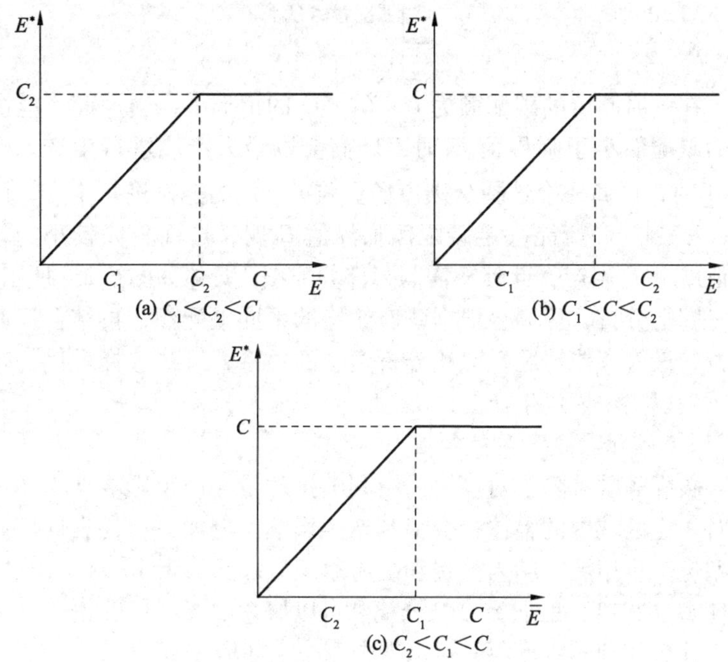

图 6.2　三种情形下配额政策对碳排放量的影响

（2）当 $C_1 < C < C_2$

碳配额下厂商的最优排放量为

$$E^* = \begin{cases} \overline{E}, & \overline{E} \leqslant C \\ C, & C < \overline{E} \end{cases}$$

在厂商获得的碳配额为 $C_1 < C < C_2$ 的情形下，当厂商的产能小于初始配额 C 时，厂商将以最大的产能进行生产；当厂商的产能大于初始配额 C 时，厂商将完全使用初始配额而不超出该配额进行生产，如图 6.2 b 所示。

针对上述两种情况的讨论可知，当厂商获得的碳配额不小于

下界 C_1 时，厂商不会选择将碳配额使用完，最优状态是出售部分碳配额。

(3) 当 $C_2 < C_1 < C$

碳配额下厂商的最优排放量为

$$E^* = \begin{cases} \overline{E}, & \overline{E} \leqslant C_1 \\ C_1, & C_1 < \overline{E} \end{cases}$$

在政府制定的碳配额为 $C < C_1 < C_2$ 的情形下，当厂商产能决定的碳配额小于临界值 C_1 时，厂商会以最大产能进行生产。当 $\overline{E} > C$ 时，厂商还会选择从碳市场上购买不足的配额进行生产，即 $\overline{E} - C$；当厂商产能决定碳配额临界值 C_2 时，厂商将以较小的临界值 C_2 进行生产，此外还需购买部分配额，具体如图 6.2 c 所示。

综上分析，厂商会根据政府给定的不同碳配额，再结合厂商本身的最大产能情况，对比分析两者的关系，最终选择最优的碳排放量以实现最优生产。

6.2.3 碳配额政策对社会福利的影响

碳配额政策除了对产出约束和碳排放量会产生影响外，还可能对一定区域内的整体社会福利产生影响。例如，将代表性厂商模型进一步拓展，纳入消费和政府组织，那么参考 Krass（2013）和任杰（2015）的研究，社会福利可以概述如下：

社会福利 = 厂商收益 + 消费者剩余 - 环境成本

将上述概念模型表达成公式：

$$SW(E^*) = \pi(E^*) + CS(E^*) - dE^* \tag{6-5}$$

式（6-5）中纳入了碳排放量 E^*，而社会福利应该是以价值形式表现出来的，所以需要用一个系数 d 将碳排放量的单位转换成货币单位。系数 d 很好地将碳排放量与社会福利联系在了一起，目前国内外也有许多关于系数 d 计量的文献，比如 Nordhaus（2015）研究碳社会成本时，就将这个系数定义为碳排放量对环境的损害系数，并进行了详细的阐述。

CS（E^*）代表消费者剩余，经济学上从用如下公式表述：

$$CS(E^*) = \int_0^{q^*} (\alpha/\beta - q/\beta)\, dq = \frac{(E^*)^2}{2\beta e^2} = \frac{(E^*)^2}{2}\tilde{\beta} \tag{6-6}$$

Nordhaus（2015）在其研究中，假设 $\tilde{\alpha}$ 表示厂商使用单位排放权可能带来的最大潜在收益，且单位碳排放量固定，那么对比 d 和 $\tilde{\alpha}$ 的大小关系，当 $d < \tilde{\alpha}$ 时，社会福利会随着厂商的碳排放量的增加而先增加后减小；当 $d < \tilde{\alpha}$ 时，社会福利会随着厂商的碳排放量的增加而降低。

6.3　碳配额政策驱动产业系统低碳演化的 DID 模型设定

双重差分法（Difference - in - Difference，DID）是一种常用来考察政策实施效果的量化方法。双重差分法的基本原理是针对政策实施对象和政策未实施对象，根据其自身特征，选择相近、具有可比性的对象，形成实验组和对照组，然后根据计量模型分别计算实验组和对照组在政策实施期间效应上的变化量。双重差分估计量，就是指这两个变化量的差值，展示了剔除其他因素影响后，政策实施对需要考察的相关绩效指标的净影响效果。

在碳交易试点的配额政策实施的情形下，碳交易试点配额政策 DID 模型的基本方程式为

$$U = \alpha_0 + \alpha T + \beta P + \gamma TP + \varepsilon \tag{6-7}$$

式中，U 代表政策相关的绩效指标，用产业系统熵值来表示；代表时间的虚拟变量用 T 表示，一般地，设在碳配额政策实施前为 1，实施后为 0；代表组别的虚拟变量用 P 表示，实验组取值为 1，对照组取值为 0；DID 模型的关键考察项则是式（6-7）中的交叉项 TP，以变量 T 与 P 乘积的形式表达碳配额的政策变量。

模型中，如果是实验组所在省（市），则有 $P=1$，式（6-7）可以表示为 $U = \alpha_0 + \alpha T + \beta + \gamma T + \varepsilon$。假设用 A 表示实验组地区，在碳配额政策实施前后，产业系统熵的样本均值分别为

$$\begin{cases} U_{A,0} = \alpha_0 + \beta，政策实施前\ T=0 \\ U_{A,1} = \alpha_0 + \alpha + \beta + \gamma，政策实施后\ T=1 \end{cases}$$

则碳配额政策实施前后，实验组的产业系统熵平均变动为

$$Diff_A = (\alpha_0 + \alpha + \beta + \gamma) - (\alpha_0 + \beta) = \alpha + \gamma$$

同理，如果是对照组所在省（市）（记为 B），则有 $P=0$，式（6-7）可以改写为：$U = \alpha_0 + \alpha T + \varepsilon$，对照组省（市），在政策实施前后，产业系统熵的样本均值分别为

$$\begin{cases} U_{B,0} = \alpha_0，政策实施前\ T=0 \\ U_{B,1} = \alpha_0 + \alpha，政策实施后\ T=0 \end{cases} \tag{6-9}$$

则碳配额政策实施前后，对照组的产业系统熵平均变动为

$$Diff_B = (\alpha_0 + \alpha) - (\alpha_0) = \alpha \tag{6-10}$$

结合式（6-8）和式（6-10），碳配额政策的双重差分估计量可以表述成 $Diff = Diff_A - Diff_B = \alpha + \gamma - \alpha = \gamma$，表示碳配额政策实施对我国 7 个试点省（市）产业系统的净影响效应。

6.3.1 分组原则

具体研究我国碳配额政策实施效应的 DID 模型时，需要对实验组和对照组的分组原则进行界定，并且需要对 DID 模型适用的假设条件进行检验。具体包括对自然实验、准实验和政策外生化等相关假设进行随机性检验和同质性检验，检验标准如下：

Ⅰ基本假设：随机分组 $E[\varepsilon_{it}^{j} \mid d^{j}]=0$，本项目拟随机选择碳交易试点的部分实施配额的产业。

Ⅱ基本假设：随机事件 $E[\varepsilon_{it}^{j} \mid d_{t}]=0$，保证实验发生时间的随机性，本项目较难满足。

Ⅲ基本假设：$E[\gamma_{it}^{0} \mid d_{t}^{j}=1] - E[\gamma_{it}^{0} \mid d_{t}^{j}=0]=0$，控制组不受政策影响，本项目满足。

Ⅳ基本假设：同质性，本项目拟使用倾向得分匹配法（PSM）来选择与实验组相近的试点区外产业部门。

Ⅴ基本假设：政策实施的唯一性，可以保证在一年内配额政策只会实施一次。

由上述基本假设可知，碳配额政策实施试点更加符合准实验

的特征。

6.3.2　实验组与对照组的划分

由于碳配额构成了碳交易的基础，所以实验组选择为实行碳交易试点的地区。我国自 2011 年 11 月起，设立了碳交易试点的 7 个地区，分别为北京、上海、深圳、重庆、天津、湖北、广东，其中包括了我国设立的 4 个直辖市和 1 个经济发展特区，广东省是南方沿海发达省份，湖北省则是中部地区相对发达的省份，这 7 个碳交易试点地区在我国经济社会发展过程中扮演了重要的角色。2014 年，我国 7 个碳交易试点地区的社会经济环境数据情况如表 6.1 所示。

表 6.1　2014 年中国 7 个碳交易试点地区经济社会环境数据情况

	北京	上海	天津	重庆	深圳	湖北	广东
GDP 增速	7.3%	7.0%	10.0%	10.9%	8.8%	9.7%	7.8%
工业增加值增速	6.0%	1.6%	10.0%	14.0%	8.1%	10.8%	7.8%
固定资产投资增速	7.5%	6.5%	15.1%	18.0%	13.6%	18.7%	15.9%
第二/三产业比重	27.3%	53.5%	100.2%	97.9%	74.5%	113.1%	94.1%
城镇化水平	86.4%	89.6%	82.3%	59.6%	100%	55.7%	68.0%
市场化程度	9.91	11.03	9.41	8.77	10.78	8.15	10.63
能源消费结构	25.4%	26.6%	44.1%	52.0%	43.2%	63.8%	43.2%
碳强度	0.34	0.11	0.58	0.40	0.28	0.59	0.28

相对比实施碳交易试点的实验组，对照组自然会在未实施碳交易试点的省级地区选择。根据 DID 工具实证分析的要求，对照组的选择最好在碳配额政策实施以外的、其他特征上尽可能和实验组一样的地区。由于实施碳交易试点的省（市）由国家发改委确定，故暂无法选择。而从实验组的经济发展数据情况看，都是属于我国经济发达地区，所以在除了港澳台以外的其他 24 个省份中选取对照组时，只能尽可能选择经济发展接近、地理位置相当的省份。最终确定选择了包括江苏、浙江、山东、四川、河北、安徽和福建在内的 7 个省份，其经济社会环境如表 6.2 所示。

表 6.2　中国未试点对比组的经济社会环境比较

	浙江	江苏	山东	四川	河北	安徽	福建
GDP 增速	7.6%	8.7%	8.7%	8.5%	6.5%	9.2%	9.9%
工业增加值增速	6.9%	5.2%	9.3%	9.4%	5.0%	7.4%	11.8%
固定资产投资增速	16.6%	15.5%	15.8%	12.0%	15.0%	16.5%	18.8%
第二/三产业比重	99.6%	102.2%	111.3%	138.7%	137.4%	150.0%	131.4%
城镇化水平	64.9%	65.2%	55.0%	46.3%	49.3%	49.2%	61.8%
市场化程度	9.67	10.48	9.01	8.17	7.32	7.65	10.42
能源消费结构	22.6%	35.9%	46.1%	57.0%	88.46	63.8%	53.0
碳强度	0.14	0.11	0.38	0.59	0.87	0.39	0.26

6.3.3 影响时间段的划分

2011 年 11 月，国家发改委下发了《关于开展碳排放权交易试点工作的通知》，批准北京市、上海市、天津市、重庆市、深圳市、湖北省及广东省开展碳排放权交易试点工作。

关于碳排放权交易和碳配额政策实施的相关事件节点：

2008 年，国家发改委首次提出要建立国内的碳交易所。此后两个月，北京、上海、天津相继成立环境资源交易所。

2009 年，中国正式对外宣布控制温室气体排放的行动目标，决定到 2020 年单位国内生产总值二氧化碳排放比 2005 年下降 40% ~45%。

2011 年，全国人大审议通过的《中华人民共和国国民经济和社会发展第十二个五年规划纲要》提出“十二五”时期中国应对气候变化约束性目标：到 2015 年，单位国内生产总值二氧化碳排放比 2010 年下降 17%，单位国内生产总值能耗比 2010 年下降 16%。

2011 年 11 月，国家发改委下发了《关于开展碳排放权交易试点工作的通知》，批准北京、天津、上海、重庆、湖北、广东、深圳七省（市）开展碳排放权交易试点工作。

2011 年 12 月，国务院关于印发《“十二五”控制温室气体排放工作方案》通知，再次明确到2015年全国单位国内生产总值二氧化碳排放比2010年下降17%的主要目标，研究温室气体排放权分配方案，逐步形成区域碳排放权交易体系。

2012年6月，发改委印发《温室气体自愿减排交易管理暂行办法》，确立国家自愿减排交易机制，提出核证减排量（CCER）交易。

2013年，7个碳排放权交易试点省（市）陆续启动碳排放交易。2013年6月18日，中国第一个碳交易试点在深圳正式启动。截至2014年6月末，中国的七大碳交易试点均已启动运行，分别为：深圳排放权交易所、上海环境能源交易所、北京环境交易所、广州碳排放权交易所、天津碳排放权交易所、湖北碳排放权交易中心和重庆碳排放权交易中心。

根据上述我国碳排放权交易和碳配额政策实施的相关时间节点，可以将研究时间段选择为2011年DID模型的政策实施节点年份，2011—2014年是碳配额政策在试点区域实施且能够搜集到数据的年份，那么对应的2011年之前，没有实施碳配额的年份选择为2008—2010年。最终DID模型的年份确定为2008—2014年，用以考察碳配额政策实施对相关区域产业系统熵的影响作用。

6.3.4 模型的设定

根据前文设定的碳配额政策实施效果的DID模型，需考察碳配额政策对产业系统熵的具体影响效应。在初级DID模型的基础上，逐步添加研究需要的变量，最后对模型进行实证分析及比较。

模型Ⅰ：碳配额政策影响产业系统熵的初级DID模型

$$U_{it} = \alpha_0 + \alpha T_{it} + \beta P_{it} + \gamma TP_{it} + \varepsilon_{it}$$

式中，i表示地区，t表示时间，U_{it}表示第i地区在第t年的产业部门熵。此外，T和P属于二元变量，就T而言，碳交易试点尚未实施的2008—2011年取值为0，碳配额政策在2011年底开始实施，此后的2012—2014年取值为1。对照组所在地区P值为0，

实验组所在地区 P 值为1，交叉项 TP 代表政策的实施项，其对产业系统熵的具体效果用系数 γ 检验。

在初级 DID 模型Ⅰ的基础上，根据戴嵘（2015）和李恒川（2015）的研究，一个地区的产业系统熵会受到该地区产业规模、能源强度及技术水平的影响，所以需要进一步将反映产业规模和能源强度的变量纳入 DID 模型中。最终选择人均地区生产总值 PDGP，产业能源强度 EI，技术进步 R&D，将它们作为控制变量引入到双重差分模型，可以使模型估计结果更准确。

模型Ⅱ：在初级 DID 模型Ⅰ的基础上增加控制变量

$$U_{it} = \alpha_0 + \alpha T_{it} + \beta P_{it} + \gamma TP_{it} + b_1 PDGP_{it} + b_2 EI_{it} + b_3 \ (R\&D)_{it} + \varepsilon_{it}$$

模型Ⅱ中关于时间的虚拟变量 T，在碳配额实施后均取值为1,所以碳配额政策效用的系数 γ，实际上表示的是碳配额政策对产业部门熵的平均影响。为了更加清晰地反映产业系统熵在受到碳配额政策实施效应的时间变化趋势，需要对时间变量和交叉绩政策变量重新设定，以反映 2012 年、2013 年及 2014 年不同的情况。

模型Ⅲ：在模型Ⅱ的基础上，考虑时间变化趋势

$$U_{it} = \alpha_0 + \alpha_1 \ T1_{it} + \alpha_2 \ T2_{it} + \alpha_3 \ T3_{it} + \beta \ P_{it} + \gamma_1 \ TP1_{it} + \gamma_2 \ TP2_{it} + \gamma_3 \ TP3_{it} + b_1 PGDP_{it} + b_2 EI_{it} + b_3 \ (R\&D)_{it} + \varepsilon_{it}$$

为了进一步深入考察碳配额政策实施与产业系统熵的关系，从实验组和对照组看碳配额政策对产业系统熵的影响随不同区域的变化，如果不同，则说明全国性统一的碳市场建立还需要设立不同的碳配额政策，如果碳配额政策对产业系统熵的影响不随区域变化，则很好地说明了统一碳市场实施的可靠性和合理性。因此，实验组和对照组涉及的 14 个省（市），分为东部地区和中西部地区，以表征地域差异的虚拟变量 $V1$，$V2$ 引入模型中加以分析。

模型Ⅳ：增加地域变量的模型为

$$U_{it} = \alpha_0 + \alpha_1 \ T1_{it} + \alpha_2 T2_{it} + \alpha_3 T3_{it} + \beta P_{it} + \gamma_1 TP1_{it} + \gamma_2 TP2_{it} + \gamma_3 \ TP3_{it} + b_1 PGDP_{it} + b_2 EI_{it} + b_3 R\&D_{it} + \lambda_1 \ V1_{it} + \lambda_2 V2_{it} + \varepsilon_{it}$$

6.4　碳配额政策驱动产业系统低碳演化的影响效果

6.4.1　碳配额政策及产业系统相关数据整理

（1）各地区碳排放量的计算

为了得到各省（市、区）碳排放权分配的上、下限，需要计算出各产业部门的历史碳排放量。在这里使用的能源相关数据主要来源于《中国能源统计年鉴》（2005—2012），根据我国产业系统能源平衡表中的各种能源消费情况，分别与各种能源的碳排放系数相乘，具体如表 6.3 所示，可初步得出 2005—2012 年我国 39 个工业产业部门的历史碳排放数据。

实际在计算碳排放量时有两种方式，一种是根据产业部门所有能源产品消费，直接换算成碳排放；另一种是根据产业部门所有能源产品换算成标准煤，再换算成碳排放量。《中国能源统计年鉴》和《中国统计年鉴》都给出了换算成标准煤的分行业能源消费情况，所以可直接根据分行业能源消费情况来换算分行业碳排放量情况。

在查看二氧化碳减排资料时，经常会提到二氧化碳排放和碳排放，因为二氧化碳中含有 2 个氧原子和 1 个碳原子，所以二氧化碳排放数据和碳排放数据会相差挺大，1 吨碳排放等于 3.67 吨二氧化碳排放。将标准煤与碳排放换算，1 千克标准煤 = 2.493 千克二氧化碳 = 0.68 千克碳。因此可以得到我国产业部门 2005—2012 年的碳排放数据，如表 6.3 所示。

表 6.3　我国各种能源折标准煤及碳排放参考系数

能源名称	平均低位发热量/（kJ/kg）	折标准煤系数/（kg ce/kg）	单位热值含碳量/（t 碳/TJ）	碳氧化率	二氧化碳排放系数/（$kg-CO_2/kg$）
原煤	20908	0.7143	26.37	0.94	1.9003
焦炭	28435	0.9714	29.5	0.93	2.8604

续表

能源名称	平均低位发热量/（kJ/kg）	折标准煤系数/（kg ce/kg）	单位热值含碳量/（t 碳/TJ）	碳氧化率	二氧化碳排放系数/（kg - CO_2/kg）
原油	41816	1.4286	20.1	0.98	3.0202
燃料油	41816	1.4286	21.1	0.98	3.1705
汽油	43070	1.4714	18.9	0.98	2.9251
煤油	43070	1.4714	19.5	0.98	3.0179
柴油	42652	1.4571	20.2	0.98	3.0959
液化石油气	50179	1.7143	17.2	0.98	3.1013
炼厂干气	46055	1.5714	18.2	0.98	3.0119
油田天然气	38931	1.3300	15.3	0.99	2.1622

（2）所选区域产业系统熵的计算

由于上文提出的效用函数，在实证中尚无法较好地对其进行数据拟合，所以这里的产业系统熵的计算参照李恒川（2015）的计算方法，使用如下公式：

$$\Delta U = U^T - U^0 = \sum_{i=1}^{n} (U^T - U^0)$$

式中，$U = C/X = \sum_{i=1}^{n} U_i \times S_i$，$C$ 为非期望产出量，X 为总产出，U 为非期望产出率，Y 为产品增加值（国内生产总值）。

6.4.2 P－DID 模型的估计结果

由于所涉及的数据是面板数据，因此，这里的 DID 模型简称为 P－DID 模型。在对 P－DID 模型进行参数估计前，为了更好地反映各观测变量间的相对变化，对 P－DID 模型中涉及的观测变量做取对数处理，模型中的二值响应变量除外。由于是 P－DID 模型，需要确定其是固定效应模型还是随机效应模型，抑或是混合效应模型，对此，采用 Hausman 检验对模型加以判定。从表 6.4 的结果可知，Hausman 检验得到的 p 值都大于 0.1，说明在

10%的显著性水平下，不能拒绝原假设：随机效应模型中个体效应与解释变量不相关。因此，可以认为相比固定效应模型，随机效应模型更适合 P－DID 模型，应采取前者的形式。最后，运用广义最小二乘估计（GLS 估计法）对模型进行各参数的估计，结果如表 6.4 所示。

模型Ⅰ：

由于未考虑控制变量，模型 I 的拟合效果不佳，其拟合优度 R^2 值为 0.3007，所以进一步增加控制变量是合理的。

表 6.4　P－DID 四种类型模型的拟合结果

变量	模型Ⅰ	模型Ⅱ	模型Ⅲ	模型Ⅳ
T	0.2014 (1.452)	0.1622** (1.885)		
T1			0.1457** (2.182)	0.1735** (2.341)
T2			0.1705** (2.218)	0.1765** (2.289)
T3			0.1712** (2.012)	0.1789** (2.174)
P	0.0621** (1.836)	0.0905 (0.956)	0.0815 (0.877)	0.1043 (0.934)
TP	0.0317 (0.372)	−0.1041* (−1.751)		
TP1			−0.0572 (−0.542)	−0.0611 (−0.598)
TP2			−0.0934* (−1.853)	−0.1072* (−1.906)
TP3			−0.1367* (−1.869)	−0.1316* (−1.871)
LnPGDP		1.4265*** (4.772)	1.2411*** (3.712)	1.3042*** (4.452)
LnEI		1.7071*** (5.402)	1.5781*** (5.100)	1.8655*** (5.642)

续表

变量	模型Ⅰ	模型Ⅱ	模型Ⅲ	模型Ⅳ
LnR&D		-1.8966*** (-5.673)	-1.7139*** (-5.855)	-1.9097*** (-6.143)
V1				0.0923 (1.521)
V2				0.1037 (0.517)
常数项	8.1042*** (3.783)	-17.1917*** (6.733)	-16.8514*** (6.546)	-18.8898*** (6.915)
Hausman 检验值	0.6119	0.1079	0.2165	0.1963
R^2 值	0.3007	0.9311	0.9136	0.9205
面板模型类型	随机效应	随机效应	随机效应	随机效应

模型Ⅱ：

模型Ⅰ在模型1的基础上，增建了控制变量 *PGDP* 和 *EI*，拟合结果显示，其拟合优度 R^2 的值为0.9311，有了大幅度的提升，而且模型的各个系数估计值除了 *P* 外都通过了显著性检验，说明了模型Ⅱ比模型Ⅰ更为有效。

模型Ⅱ的拟合结果显示，乘积交叉变量 *TP* 的系数为负（-0.1041），且通过了10%的显著性检验，表明在控制了其他因素影响的条件下，碳配额政策的实施对试点省（市）的产业系统熵有显著的抑制作用，促进了产业系统的熵减和低碳优化。

此外，人均地区生产总值 *PGDP*、能源强度 *EI* 对产业系统熵的影响系数为正，技术进步 *R&D* 对产业系统熵的影响系数为负。具体分析这个拟合结果，人均地区生产总值 *PGDP* 不断增加，系数为正说明会驱动产业系统熵增，能源强度 *EI* 不断下降说明能源强度对产业系统熵增有抑制作用，技术进步 *R&D* 的系数为负说明技术进步也会驱动产业系统熵减。这一结果与现有研究的结论相一致。

6.4.3　碳配额政策效应的持续性分析

模型Ⅲ：

模型Ⅲ反映了碳配额政策实施影响产业系统熵的时间变化趋势。模型Ⅲ具有很好的拟合效果（拟合优度 R^2 值为 0.9136）；控制变量 *PGDP*，*EI* 及 *R&D* 的系数均在 1% 的显著性水平下显著，结合拟合优度的情况，充分说明了控制变量在模型Ⅲ中的合理性。具体分析纳入时间变化趋势后，2012—2014 年，碳配额政策对产业系统熵的影响效果如下：

变量 *TP*1 的系数为 -0.0572，没有通过显著性检验，说明第一年试点的 7 个省（市），碳配额政策没有对产业系统的熵减产生显著影响，碳配额试点的效果不明显。一般来说，政策实施的效果需要一定的时间才能发挥作用，模型的结果符合实际情况的发展。

变量 *TP*2 的系数为 -0.0934，通过了显著性水平为 10% 的显著性检验，说明在碳配额政策实施的第二年里，参与碳交易试点的 7 个省（市）的产业系统熵具有减小的趋势，相对其他未参与试点的地区具有显著的降低，碳配额政策的实施对产业系统的低碳优化已经具有一定的效果。

变量 *TP*3 的系数为 -0.1367，通过了显著性水平为 10% 的显著性检验，说明在碳配额政策实施的第三年里，参与碳交易试点的 7 个省市的产业系统熵同样有显著的下降，并且相比变量 *TP*2 的系数为 -0.0934，变量 *TP*3 的系数的绝对值更大，说明碳配额政策实施的第三年，政策的效果比第二年更为显著，产业系统处于持续低碳优化的过程中。

6.4.4　碳配额政策效应的区域差异分析

模型Ⅳ在模型Ⅲ的基础上，考虑到区域差异，引入了区域变量 *V*1 和 *V*2。模型Ⅳ的拟合结果显示，其拟合优度 R^2 值为 0.9205，相比模型Ⅲ有一定提高，表明其拟合结果优于模型Ⅲ的结果。碳配额政策时间变量 *TP*1，*TP*2，*TP*3 的拟合结果与模型

Ⅲ基本相似，可以得到和模型Ⅲ一样的结果。

但是，模型Ⅳ中的区域变量 $V1$ 和 $V2$ 的拟合结果显示，其系统均通过显著性检验，表明碳交易试点的 7 个省（市）在实施碳配额政策后，其产业系统熵减跟它属于所属的区域直接相关关系不明显。

模型Ⅰ到模型Ⅳ的实证结果表明，碳配额政策的实施确实会对响应区域内的产业系统低碳演化产生影响，具体表现在碳配额政策与产业系统熵有显著的计量关系。此外，在碳配额背景下，产业系统熵还会受到人均地区生产总值、能源强度和技术进步的影响，但是产业系统熵不受地域的显著影响。

根据 DID 模型的实证结果，总的来看，碳配额政策会促进产业系统熵减，驱动产业系统的低碳优化发展，从“纵向”上论证了产业系统的螺旋向上的趋势。同时，DID 模型结果表明碳配额政策会对技术进步和能源强度产生影响，能源强度是影响能源替代率、能源边际效用的重要因素，构成能源流动的重要基础。而碳资源是能源的根本，所以碳配额政策对碳资源流动具有潜在的影响。事实上，碳配额政策的实施最基本的目的是为了促进碳资源的合理流动，也是碳市场构建的初衷。因此，本章实证的结果表明，碳配额政策对技术进步和碳资源流动都有影响，从而在“横向”上说明了产业系统螺旋低碳演化的另外“半个环节”。

6.5 本章小结

本章通过概括总结“一个核心、两个保障、三个覆盖”，对我国碳交易试点的碳配额政策进行了梳理，并借助代表性厂商的经济学模型，分析了配额政策实施对试点区域产业系统产出约束、碳排放量及社会福利的影响，进而借助 DID 工具，基于我国碳交易试点省（市）和遴选的对照组，使用 2008—2014 年的相关数据，对碳配额政策影响产业系统低碳演化的规律进行了深入分析，从而论证政策优化对碳资源流动的倒逼机制和对产业部门技术进步特征重构的影响，结合产业系统的熵减，佐证 CTP 驱动产业系统螺旋低碳演化的另外“半个环节”。

从 DID 模型的实证结果来看，碳配额政策的实施确实会对响应区域内的产业系统低碳演化产生影响，具体表现在碳配额政策与产业系统熵有显著的计量关系。此外，在碳配额背景下，产业系统熵还会受到人均地区生产总值、能源强度和技术进步的影响，但是产业系统熵不受地域的显著影响。从碳配额政策的时间上看，碳配额实施初期，效果不显著，但是随着碳配额制的持续实施，效果会逐年明显。从地域上分析，碳配额政策影响产业系统熵的效应不受地域差异的影响，说明全国性统一碳市场成立是合理的。

在 DID 模型分析中，以产业系统熵代表了包括产出约束、碳排放量等要素在内的产业影响因素，分别对时间、碳配额政策等因素进行了拟合，但是在建立 DID 模型过程中，发现逐个囊括产出约束等因素的模型，会形成多层计量模型，模型解释和模型拟合都难以较完整地表述清楚，如何进一步梳理这部分内容，将会是一个比较有价值的研究方向。

第7章　提升我国产业系统持续低碳优化运行能力的对策建议

本书通过文献梳理和对我国碳配额发展状况的分析，论述了碳资源流动、技术进步及政策优化（CTP）对产业系统熵减的影响，阐明CTP驱动产业系统螺旋低碳演化的具体作用机制，描绘其纵向的交织上升和横向的相互影响情况。同时，以技术进步为研究的切入点，从产业部门的技术进步偏向特征出发，以我国产业部门的相关实际数据论述，技术进步偏向将造成产业部门间的碳资源具有从一个产业部门流向另一个产业部门的“势能”，从而论证碳配额一旦实施，碳资源就会在产业部门间流动，实现产业系统的熵减，驱动产业系统低碳演化。

在理论分析的基础上，第5章在阐述技术进步的要素偏向特征和技术进步要素偏向诱发机制的基础上，探讨不同的技术进步偏向特征是造成厂商或者产业部门做出减少产出、技术进步还是购买配额的一个重要因素，并提出类比物理学领域“势能”的研究，用碳资源流动的“势能”描绘由技术进步偏向特征引起的产业部门间碳资源流动的趋势，构成了产业系统螺旋低碳演化机理阐述的“半个环节”的理论基础，并使用DEA－Malmquist指数分解法对其进行了实证分析。

第6章，论述了碳配额政策实施后碳资源会在产业部门间流动，产业部门为了实现自身的效益最大化，会倒逼相关低碳政策，促进熵减，以保障其低碳有效运行，这就构成CTP驱动产业系统螺旋低碳演化的另外“半个环节”，并使用基于面板数据的DID模型对其进行了实证分析。

基于上述的研究内容和路径，我国产业系统减排的对策建议拟从产业系统升级、试点经验梳理、科学技术进步及完善政策制度 4 个角度给予分析。

7.1　“内核”驱动优先，明确碳配额政策主体方向

本书第 4 章重点研究了碳配额约束下，产业系统低碳演化“内核、外场”的静态螺旋结构特征。进一步，第 5 章、第 6 章从技术进步偏向特征、碳资源产业部门间流动的“势能”，以及碳配额政策的实施效果等方面进行了实证研究。实证研究的结果显示，产业系统螺旋低碳演化的“内核”对持续低碳优化有着重要的作用，主要体现在三个方面：第一，碳资源流动的“势能”，表明了碳资源在产业系统中资源优化配置的方向；第二，劳动力的偏向特征，表明了降低投入中劳动占用率的重要性；第三，中间投入的碳资源损耗，指明了碳配额政策需要重点引导的方向。因此，本书将针对上述结论分别提出对策。

7.1.1　顺“势”而为，注重资源优化配置

第 5 章中，通过十字坐标可以整理出我国产业部门中有 9 个产业部门在 C/K 和 C/L 之间，技术进步均偏向碳资源节约，具体为其他采矿业（X_6），农副食品加工业（X_7），食品制造业（X_8），饮料制造业（X_9），木材加工及木、竹、藤、棕、草制品业（X_{14}），文教体育用品制造业（X_{18}），医药制造业（X_{21}），电气机械及器材制造业（X_{32}），工艺品及其他制造业（X_{35}）。这些产业部门可以认定为其碳资源具有较高的流出冲动，即具有较高的“势能”，而这些产业本身也处于技术水平比较高的行业。

同时，我国产业系统中其他的产业部门均存在不偏向碳资源节约的情况，故相对的其“势能”没有上述 9 个产业部门高，有碳资源流进的可能性。因此顺着碳资源的“势能”，注重碳资源的优化配置将是碳配额相关政策的重点方向。

对产业部门的资源的优化配额，一个重要方向是提高碳资源“势能”较低产业的能源使用效率。人们开始深刻意识到保护不

可再生资源的重要性，对能源的开发和使用也越发慎重，我国能源使用率也得到了有效提高。这一点从世界银行公布的数据得到了很好的证实，中国的能耗强度的下降速度近年来已经明显成为世界主要经济体中下降速度最快的。不过，中国能源消费基数大，客观上决定了能源效率仍然较低。2014 年一次能源消费中，中国占到世界总量的 21.9%，美国占到世界总量的 17.7%，分别位列世界第一和第二。中国大陆地区每 1000 美元的 GDP（2011 年不变价格）使用的能源为 202.1151 kg Oil Eq. （千克石油当量），中国香港为 42.0499 kg Oil Eq.，美国是 133.3661 kg Oil Eq.，日本是 101.4697 kg Oil Eq.，显然其中中国香港的能源使用效率比较高。“金砖四国”中，除了俄罗斯为 226.5450 kg Oil Eq. 明显高于中国外，巴西和印度分别为 95.8796 kg Oil Eq. 和 125.6833 kg Oil Eq.，能源使用率均低于中国。

产业部门的碳减排规划很大程度上取决于能源强度能否下降，能源强度效应对碳排放有着显而易见的影响，而碳减排规划将是碳资源优化配置的重要影响因素。在今后相当一段时间内，碳减排的最大推动力将依然是能源强度的下降。我国正面临着能源消费需求持续旺盛、产业结构升级及能源结构不合理的困境，想要加快节能减排，做到低碳发展，只能靠提高能源效率、降低能源强度。纵观我国经济产业结构，显然第二产业的能源强度高居榜首，提高第二产业能源效率、降低第二产业能源强度无疑迫在眉睫。能源强度的下降主要依靠科技的投入，通过研发和利用先进的生产技术，不断提高能源使用效率，降低能源强度，实现碳资源在产业部门间的优化配置，实现碳配额约束下的产业系统低碳减排的目标。

7.1.2 劳动偏向，降低劳动力占用率

劳动力占用率指的是在产业部门的有效产出中，劳动力资源的投入在总产出中的比率，也可以理解为单位产出的劳动力投入。随着工业化进程的不断推进，工业现代化的发展步伐不断加快，使得工业生产中大量的劳动力投入逐渐被机器自动化代替，

这在减少对劳动力总量投入的同时，也提高了对劳动力素质的要求。这意味着我国工业正逐步失去廉价劳动力红利的优势。

由前文的实证分析不难发现，整体来看，我国产业部门的技术进步偏向劳动力节约。换而言之，我国产业部门的劳动力资源可能已经成为比资本和碳资源更为重要的生产资料，这与我国目前“人口红利”逐渐消失的现状非常符合。因此，实现产业系统低碳优化发展必须要较低的劳动力占用率。这就要求要同时做到两点：一是减少劳动力投入总量；二是提高劳动力自身素质。在经济发展的实际过程中，直接减少劳动力投入总量显然不可能，只有通过提高劳动力自身素质，让一部分劳动力得以从简单密集劳动中脱离出来，使得自动化生产代替密集型生产，从而完成降低费期望产出。

上述减少劳动力投入总量的举措，必然会造成大量劳动力从劳动密集型产业中脱离出来，这部分人的就业问题成为当务之急。政府需要通过一些举措解决和安置这部分闲散劳动力。政府可以从企业和这部分临时性失业人员两方面进行合理的帮扶或支持。首先，对于私营厂商或企业来说，可以通过财政投资，税收减免、优惠或者补贴等方式，鼓励其开展或扩建低碳项目投资建设活动，如此既可以解决因生产活动带来的高碳排放问题，又可以解决上述因实施自动化而失业人员的再就业问题，并且在一定程度上形成低碳减排产业的良性循环。其次，对由于实行自动化生产而造成的大量临时性失业人员进行系统教育培训，提升其创业技能，鼓励其开展低碳行业的创业活动，并给予一定的融资支持和政策倾斜，不但可以解决临时性失业人员的就业问题，同时可以促使就业向低碳化行业转化，进而使得产业系统向着持续优化的方向不断演化，实现产业系统低碳减排的目标。

7.1.3　优化投入，减少中间部门损耗

产业系统的中间部门损耗由产业部门中间使用的完全消耗系数表现。完全消耗系数是全部直接消耗系数和全部间接消耗系数的总和，全面深刻地呈现出各部门之间的关联与影响的数量关

系。产业部门的总产出与中间消耗的纽带是完全消耗系数，通过线性关系联系在一起。此外，直接消耗系数和完全消耗系数都体现了一个产业部门与其他产业部门的联系。根据《中国统计年鉴2013》的数据显示，中国其他产业对传统产业的完全消耗系数比较大，比如不少产业对传统产业部门中的采矿、化工、机械制造等部门中间产品的完全消耗系数要远远大于其他部门。第5章我国高排放产业部门的技术进步偏向分析的研究结论显示，传统高排放产业部门的减排在长期内都将是产业系统低碳优化发展的“主阵地”。

结合第5章的实证分析结论可见，中间部门技术进步，也就是完全消耗系数对我国产业系统低碳优化具有重要作用，这表明减少产业系统中间投入损耗的最重要因素就是中间部门的技术进步，所以产业系统的低碳优化必须考虑从中间部门技术进步着手。不难发现，提高中间部门的技术进步，可以提高某一产业的最终产品在生产的过程中对别的部门中间产品的使用效率，这也就减少了中间产品的使用损耗，生产中间环节的非期望产出也得以减少，从而达到产业系统持续低碳优化的目的。

7.2 “外场”制度完善，助力碳配额政策持续优化

总结我国以往的环保理念以及执法实践，有几点缺陷显而易见：偏向于重原则性立法，却轻视了操作性制度建设；偏向于行政手段，却轻视了市场机制；偏向于事先审批，却轻视了过程控制；偏向于运动式执法，却轻视了常规型管理；偏向于厂商追究，却轻视了政府责任；等等。诸多环保法律在发挥其规范行为及维护秩序等功能方面始终未能发挥应有的功能。也正因为如此，造成违法成本低，法律对厂商的约束和监管作用下降，厂商恶意排污、破坏环境等问题屡禁不止。因此，面对如此艰巨的节能减排任务，不仅要完善相关法律法规，更要加强各部门之间的协调合作，针对共同目标统筹安排，相互配合，共同保障相关法

律法规的有效运行，从而实现目标。

7.2.1　出台绿色税收政策

碳交易市场的有效运行，除了需要直接针对碳市场的专门政策外，还需要相关的保障政策。特别在绿色税收政策方面，应该根据不同情况、分门别类制定有利于绿色生产、绿色消费的税种和税收优惠政策，利用税收杠杆来平衡和支持主动参与节能减排的生产者和消费者。例如，针对自愿或主动研发低碳技术并用于自身减排的厂商或企业，在环境税收方面应该给予一定的政策性优惠，对企业或厂商在采购节能设备的税收或退税补贴方面，应加大财政力度支持，甚至全免其购置税。对消费者也可以实行一定的倾向性的减税或免税政策，对于自愿或主动购买低碳产品的消费者，应给予退税优惠政策，这样就可以在供给侧和需求侧两方面着力，促进节能减排的顺利和全面推进。所以，政府相关部门应不断完善环境税收政策，逐步推出既利于经济增速又能提升环境保护意识的绿色税收政策，利用绿色税收政策，全面推进节能减排在生产、销售、消费领域的顺利开展。

7.2.2　实施环境收费制度

除了税收，保障碳市场的运行，提高碳配额的效率外，还可以实施环境收费制度。不可否认，环境收费制度可以成为政府开展环境行政执法的重要手段之一。梳理目前国内环境相关的收费项目，会发现仍有不少的收费项目尚未纳入规范条例中，可以肯定的是，环境收费政策可以有效促进厂商对污染物的减少和控制。针对上述情况，第一，政府部门可以尝试着将污染排放费用，从环保部门负责核定和收取，转换为环保部门负责核定、地方税务部门负责征收的模式，最终形成环保、税务及财政三大部门联合执行环境收费制度。第二，通过环境收费制度，改变垃圾随意倾倒的不良现象，建立和实施垃圾倾倒收费的环境收费政策。最后，我国目前所确定的环境收费标准还不能全面反映出我国经济发展的事实，甚至普遍低于污染处理费等，且各部门、各地区的环境行政事业性收费缺乏统一规范的限制，各自为了各自的利益制定不同的收费标准，最后都在不同程度上损害了市场主体的相关利益，因此要加强对税费监制，找出应对哪些税费实行改税等，从而真正地发挥税收这样的宏观调控机制在环境管理中的作用。

7.2.3 建立高排放厂商淘汰制度

从第 4 章碳配额约束下代表性厂商的经济学模型可以得到结论，厂商在碳配额约束下，面临着减产、技术进步或者购买配额的不同选择。从整个产业系统来看，具有高排放的厂商必然随着环境和技术的不断提升而退出舞台。

我国目前的实际情况是，工业碳排放构成了环境污染最主要的来源。目前，工业污染的碳减排控制仍旧停留在“末端治理”的方式上，这显然不利于实现产业系统的低碳优化。并且，无论从国际先进的环境发展趋势，还是国内试点的碳排放治理经验，都可以发现，从源头上实施工业污染的碳减排是更有效的方式。因此，必须加强对各企业、厂商生产全过程中的管理，做到清洁生产，将大部分污染物消灭在生产过程中，建立新的污染预防体系。在碳配额制度将全面实施的背景下，我国建立高排放厂商淘汰制度势在必行，可以从以下几个方面着手实施：一是从制度上根本性地实行碳排放总量控制，限定行业或厂商的最高排放量，对于超出碳排放总量的行业或厂商，执行严格的购买碳排放权的价格底线，以切实增强行业或厂商的环保意识和环保责任，对于不影响经济总体运行且属于高碳排放的落后产能坚决给予强制性的淘汰退出。二是构建合理的高碳排放厂商的退出机制，各个区域应根据自身的发展和现行经济运行情况，制定产能落后的高碳排放的厂商退出机制，具体实施时可以根据财政情况给予厂商一次性财政补贴。三是加大对环境治理的财政支持力度，从基础设施建设、宣传教育及对厂商的碳排放的监督方面，要加大财政和资本投入，确保将环境保护的制度和措施落到实处。

7.2.4 鼓励公众参与问责制度

尽管国家近几年来一直鼓励民众积极参与环境保护，但实际成效甚微，民众参与环境保护的方式主要还是集中在末端参与，实质性参与较少。也就是说，民众对环境保护的参与，基本是在环境污染和生态破坏已经形成的情况下才进行的。这种参与对于民众来说，其环境保护的参与权和表达权已基本缺失。原本，公众应当是环境保护最重要的参与力量，而事实是大众对于环境保护的参与程度很浅，广泛性和有效性都有待进一步提高，很多活动也都受到限制。

在这样的情况下，必须鼓励建立公众参与问责制度。对于公众提出的与环境保护相关的意见、反映出来的相关问题、给出的建议，一定要制定配套的处理规定，要有明确的受理、讨论及决定程序。另外，可以通过引入公益诉讼机制，方便公众对作为污染源头的违法排污者、行政不作为的环保局等部门提起诉讼；政府也应加强对非政府组织的环保行为的支持与配合。上述措施既能使政府相关决策更加公开、合理、科学，也能减少执法成本；同时，这对于提高公众的环境参与意识有很大的积极作用。

7.3 科技“结点”深化，奠定产业低碳优化基础

产业系统螺旋低碳演化结构特征的研究切入点是技术进步，由技术进步偏性特征起确定了螺旋低碳演化的理论模型，并结合第5章和第6章的实证分析结论，产业部门的技术进步偏向特征，既与碳资源流动相互影响，又与碳配额政策的持续优化相互影响，表明产业系统的低碳优化需要进一步深化科学技术进步这个产业系统熵减理论和低碳螺旋理论的“结点”。

基于理论情况，结合实证结果，将从如何加强产业部门低碳R&D投入的方法推进各部门科学技术的进步，产业信息化是一个机遇，应抓住这个机遇为低碳技术的推广和为产业系统低碳优化这两方面奠定下牢固的基础。

7.3.1 加大R&D投入强度，加快科学技术进步

目前所谓战略性/前瞻性低碳技术，是指当前还处于基础研究阶段，但其未来的应用潜力会十分巨大，或者是能够反映世界

科学发展趋势的技术。对这类技术进行研究，其投入的报酬率非常低，并且私人企业难以承受，比如天然气水合物、核聚变、CCS 及海洋能等技术均可以归入此类。目前，国际上这类技术尚未成熟，仍处于探索阶段，对我国来说，可以采取紧密跟踪这类技术的国际前沿的策略，与此同时不断加快自主研发；对于发展潜力大的领域更要鼓励研发和创新，争取走在世界前列。对于这个阶段低碳技术的具体政策应该包括：① 建立保障技术战略性研发的制度安排，将技术研发提升到国家科技战略层面。可以成立专门的研究领导小组或国家研究机构，负责制订国家长期研发计划和统筹各方资源。② 提供充分的资金支持，保障研究顺利进行。我国在大多数战略性/前瞻性低碳技术方面的研发水平与发达国家没有显著差距，国家财政还是要加大对先进技术的研发投入力度，可以由政府出面，主动承担研发过程中可能出现的风险，向相关科研机构或者大学提供充裕的研究经费予以资助。③ 与国际研究实施对接。密切关注国际研究前沿，大力促进与发达国家的技术合作，推进联合研发，为中国争取更多有利的国际合作机会。

7.3.2 借助产业信息化契机，促进低碳技术推广

在全球产业信息化发展的大潮中，厂商或产业面临着重新洗牌，传统产业低碳持续发展的关键，一定程度上取决于与数字信息、电子网络融合的速度和程度，各产业部门应抓住这一历史性的发展机遇，不断加大技术研发的投入和步伐。同时，政府应不断健全节能减排方面的相关管理制度，利用信息数据提升节能减排的管理，加强对节能减排费用的管理，重视并支持先进的节能减排技术的推广和利用，对主动研发新技术、新方法的厂商给予一定的财政补贴、税收减免或融资政策的倾斜，尤其对申请了知识产权保护的新技术和新发明要给予大力支持和保护，并给予相应的制度保障；在研发资金投资路径上尽量做到人性化，建立多层次的、全面的研发投资制度和规范。制定相关政策，激励厂商主动应用节能减排的技术。最后，相关政府主管部门对新进入的

厂商，按照节能减排的相关标准进行把关，坚决杜绝以环境换取经济增长的招商引资行为，对新采购的设备或新增加生产项目，必须采用硬性规定的方式，按照相关节能减排的标准要求。通过上述措施，结合产业信息化发展的大背景，营造环境保护氛围，引导和促进厂商积极采用低碳技术，不断提升低碳技术在经济生产中的推广和应用力度。

7.3.3　突破低碳技术壁垒，促使低碳化向产业链全面延伸

在节能减排已成全球共识的大背景下，各国越来越重视低碳经济的发展，低碳技术成为经济发展的主要推动力量，低碳技术也借此在国际贸易壁垒中扮演着重要的角色，低碳贸易壁垒变得越来越多，走向愈演愈烈的局面，我国政府加大力度，不断提升自主科研创新能力，大力发展新兴战略性产业，走可持续的低碳经济发展道路，逐步推进我国低碳经济的发展，以便更好地应对国际低碳贸易壁垒。

面对现实中残酷的国际贸易形势，我国的企业或厂商必须走低碳经济发展模式，顺应这一国际经济的发展趋势。所以，企业只有通过持续不断地提升科技创新能力，研发和采用低碳生产技术，才能在国际市场中突破低碳技术壁垒，占有一席之地，也唯此才能提升自身的国际行业竞争力。企业或厂商突破低碳技术壁垒的具体措施，可以从内外两方面三条路径进行，包括企业或厂商内部低碳生产技术的应用和管理，外部要联合整个产业链的企业或厂商探索低碳经济发展的最优模式。具体如下：一是根据自身产业链低碳经济发展的状况，积极将产业链中先进的低碳技术推广运用到自身各个生产环节及销售渠道；二是建立数据化管理模式，对各类产品的生产环节、销售模式进行全方位、立体化的信息管理，对低碳技术的应用效果进行量化评估和监督，构建集采购、生产、销售和管理于一体的全过程的低碳管理体系，力争各个环节均投入到低碳经济发展模式中，构建真正意义上的“低碳蓝海”；三是联合整个产业链上的企业或厂商，共同探索低碳经济发展的较优模式，力争做到低碳技术应用和推广上的无缝对

接，以点铸面、以面带点地提升整个产业链的“低碳竞争力”，促使低碳化向产业链全面延伸。

7.4 试点经验梳理，保障产业低碳演化环境

我国2011年开始实施的碳交易试点，为我国全面碳市场的实施，以及最终产业系统的低碳优化运行提供了宝贵的经验。第3章，阐述了我国产业系统碳配额发展是一种趋势，目前已经初步具备产业系统全面碳配额实施的基础条件，并且梳理了碳配额发展的国际经验，碳配额的实施是一种综合利益最优化的结果。第6章，在理论分析的基础上，又利用DID工具对配额政策实施的效应进行了实证分析，结果显示，在碳配额背景下，产业系统熵还会受到人均地区生产总值、能源强度和技术进步的影响，但是产业系统熵不受地域的显著影响。从碳配额政策的时间上看，碳配额实施初期效果不显著，但是随着碳配额的持续实施，效果会逐年明显。从地域上分析，碳配额政策影响产业系统熵的效应不受地域差异的影响，说明全国性统一碳市场成立是合理的。

根据我国7个碳交易试点区域关于碳配额分配方法的相关经验，针对在2017年建立全国统一碳排放交易市场中有可能遇到的碳配额分配方面的问题和难点，应加强对试点区域碳配额政策的梳理并进行对比分析，找到产业碳配额分配问题的解决方案和措施，根据第3章我国产业系统碳配额的发展趋势分析，我国在制定和实施产业系统碳配额分配方法时，应从以下三个方面着手发力。

7.4.1 观念重视，切实推进碳配额政策实施

第3章对碳配额实施的国际经验及碳交易试点经验的阐述显示，碳配额的分配方法对碳市场交易起着较为重要的影响作用，所以，碳配额分配方法、遵循的原则及督查过程中的执行力问题，都应该受到主管部门及其负责人的额外的重视和关注，因为碳配额的分配方法涉及试点区域内各个行业、厂商或企业的利益

关系，会直接影响各方利益相关者，因此，碳配额分配方法、碳交易相关政策的制定要切实在观念上重视，在落实中坚决执行相关标准和规定，方能推进碳配额政策的实施和进一步的开展。如果主管部门及其负责人没有下定决心表示支持，就难以克服中间的阻力和利益群体的反对，也无法推出一个切合地方实际，兼顾公平、效率并且能长远发展的配额分配方式。目前，主要由发改部门在多处试点地区进行具体领头操作配额分配方案的拟定和施行。作为宏观协调部门，发改部门无疑是合适的机构，然而，因为推广碳交易会涉及各个方面，所以本地区的经济和社会整体的未来发展会因此受到影响，从这点上讲，地区总体发展战略应将其纳入考虑。因此，最好由主管领导在试点地区加以全局的计划和控制，这样才可以在关键的时刻做出正确的决策，有利于掌控全局并推动碳配额政策的制定，使得碳配额分配具有合理的拟定原则，便于配额政策的进一步有序、合理的落实和执行。

7.4.2　目标导向，有效落实碳配额最终方案

第6章的实证结果显示，碳配额政策的效应受到人均地区生产总值、能源强度和技术进步等因素的显著影响。所以，试点地区应该把更多的注意力放在如何达到结果的过程上，不能只关心配额分配结果，要从这个思维定式中跳出来。任何一种配额方式都有自身特定的优势和劣势，因此每个试点地区在施行之前都要先了解自身的实际情况和当地的政策取向，这样才能选择和创新一种能够结合自身实际、切实可以推行的配额方式。事实上，不同的碳交易试点地区在考虑选择或者创新哪一种配额分配方式切实可行的时候，是无法在任何猜想中设计和进行的，因为许多情况无法事先预知。它的形成是在各个推行地区通过一个不断探索、总结和修改的实践过程才能最终成型。换言之，各个地区要在多次摸索和实际操作后，针对国内的实际情况，对于选择或创新哪些配额方式、哪些制度设计更为适合才会有一个更清楚的了解。正因为这样，国家才会选择不同的地区作为开展试点的实践地。所以，对每一个试点地区而言，比实行碳配额分配方案更为

重要的任务就是在其实践和推行的时候，探索出一种更符合实际、更有效、科学的制度。

7.4.3 注重公平，碳配额方案引入多方机制

此外，第6章的研究结果显示，碳配额政策的影响效应，不受区域差异的影响。全面碳配额实施后，区域差异明显，为了更有效落实碳配额政策，考虑产业属性的产业系统统一配额机制非常关键，注重公平性的产业配额方案是产业系统在配额约束下，实现持续低碳优化的重要基础。配额分配方案的拟定推行要遵循专业、科学的原则，尽量做到公开、透明，还要结合各个方面的参与。因为碳配额如何合理的分配是一个非常专业的科学问题，涉及如何计量碳排放、如何设定合理的配额总量、如何区别对待不同的产业，这样才能根据地区的长期发展战略及地区的产业结构特点，进行理性、慎重地计算和分析。制定试点地区的配额分配方法不能只靠自己主观臆想，一意孤行，除了主管部门要不断调查实践外，还需要借用外部思维、外部力量，比如引入这方面的专家团队共同探讨，然后展开某一方向的深入研究；只有在共同合作、共同探究的基础上才能拟定出一个相对合理、切实可行、符合地方实际的方案。与此同时，配额分配方案的制定也不仅仅是一个纯粹的科学问题，它的拟定必然会牵扯到各方的既得利益者，所以其拟定过程将会从一个纯粹的专业问题研究演变成一个各方利益主体为了价格的高低而竞相争逐的博弈过程。因此，在配额分配方案的拟定过程中，尽可能使这场博弈过程做到公开、公正和公平是保证其具有专业性和科学性的重要的问题。

第8章　结论与展望

8.1　研究结论

在节能减排已成全球共识的大背景下，2011 年 10 月国家发改委印发《关于开展碳排放权交易试点工作的通知》。至今，我国已有北京市、天津市、上海市、重庆市、深圳市及湖北省、广东省这“两省五市”成为碳排放交易试点，我国已经成为继欧盟之后的第二大碳交易体系，并于 2017 年底全面启动碳交易市场。碳配额在我国的全面实施已经成为必然。碳配额嵌入后，我国产业系统的发展正好处在一个瓶颈期——产业增长对能源消费的严重依赖与碳配额约束下产业系统减排双重约束下的动态优化运行问题。明确产业系统的低碳演化机理，并对其进行有效的政策引导，是全面碳配额实施后迫切需要解决的问题，同时也具有重要的实现意义。

从实际研究问题出发，综合运用管理学、科学学、物理学等诸多学科领域的理论和知识，以耗散结构理论为基础，以熵变原理为依据，以产业系统为对象，以碳配额为切入点，以产业系统螺旋低碳演化为目标，以产业系统持续优化为落脚点，从碳减排和碳配额的紧迫现实引申为对产业系统低碳演化机理的研究，再以产业系统优化为实证对象解决其具体实施问题，通过梳理产业系统熵变把握产业系统的螺旋低碳演化机理，并落实到产业系统持续优化的政策模型构建与优化，最终探索了碳配额约束下的产业系统低碳演化的具体实施措施。

研究结论如下：① 区域碳配额最终将形成产业碳配额。通过对国际碳市场经验的梳理，以及我国碳交易试点的研究，可以明确，为了成立全国统一碳市场，国家在进行地区配额总量分配的过程中已经适当地考虑了地区间差异，因而在碳市场成立初期的免费配额时，更应该注重产业部门的统一标准，而不再考虑地方偏向性。区域碳配额最终向产业碳配额过渡是保障碳市场公平、有效运行的需求。② 配额约束下产业系统低碳演化具有“内核、外场”的静态螺旋结构和纵向优化、横向交织的动态螺旋结构。基于产业系统熵减路径出发，探讨了产业系统低碳演化的“内核”为碳资源流动、技术进步及政策优化，而碳配额政策的实施构成产业系统低碳演化的“外场”，形成了“内核、外场”静态螺旋结构特征。通过考虑 CTP 内核要素的动态最优规划的汉密尔顿系统求解极小熵，论证了配额约束下产业系统低碳演化纵向优化和横向交织的动态螺旋结构。③ 基于 DEA – Malmquist 指数分解的技术进步偏向特征实证研究表明：我国产业系统存在技术进步偏向，且总体上偏向碳资源节约，碳配额约束下，产业部门间的碳资源存在一定的“势能”，使得稀缺的碳资源能够在产业部门间进行合理的优化配置，促使产业系统的碳熵不断减小，产业系统低碳运行处于持续的不断优化过程中。④ 基于配额政策驱动产业系统低碳演化的 DID 模型，运用我国 7 个碳交易试点省（市）和 7 个对照组省份进行实证研究，结果表明：碳配额政策的时间上看，初期效果不显著，但持续实施效果会逐年明显；从地域上分析，碳配额政策影响产业系统熵的效应不受地域差异的影响，配额政策对技术进步和碳资源强度也有显著影响，构成产业系统螺旋低碳演化的另外“半个环节”。⑤ 基于碳配额约束下产业系统低碳演化符合螺旋结构特征的前提下，结合产业系统低碳螺旋的特征，较为针对性地提出我国产业系统低碳优化运行能力提升的对策建议。

8.2 展望

自2011年11月起，我国的碳交易试点工作已经按照预定实效稳步推进，碳配额在厂商的实施已经具备一定的经验，全国统一的碳市场建立也提上了日程。产业系统全面实行碳配额后，我国产业系统的发展，正好处在一个瓶颈期——产业增长对能源消费的严重依赖与碳配额约束下产业系统减排夹缝中的动态优化运行问题。明确产业系统的低碳演化机理，并对其进行有效的政策引导，是全面碳配额实施后迫切需要解决的问题，同时也具有重要的实现意义。

本书由产业系统熵减路径出发，从技术进步偏向、碳资源流动及政策优化三个角度阐述产业系统螺旋低碳演化的研究尚处于初步的探索性阶段，由于作者的知识结构和研究水平所限，还存在一些尚需进一步深入研究的内容：

（1）全面碳配额还未实施，故只有全面配额后，对具体碳资源流动进行深入研究才能够真正意义上论证本书提出的产业部门间碳资源流动促进产业系统熵减的假设。虽然 Malmquist 指数分解的方法对各个产业部门的技术进步偏向特征进行了测度，得到了产业部门间碳资源流动的“势能”，在理论上给出了碳配额实施后，碳资源合理流动的方向，论证了产业间碳资源流动驱动产业系统熵减，实现产业系统低碳优化的理论假设。但是，众所周知，产业经济系统本身具有市场性和自发性，并不总是向着最优化方向发展的，所以在全面配额实施后，对碳资源在产业间的具体流动研究同样具有重要的意义。

（2）借鉴产业系统熵表征产业系统运行状态的研究结果，从产出约束、碳排放量、社会福利及产业决策等角度分析了碳配额政策对产业系统低碳演化的影响，并基于经济学模型给出了理论解释，科学合理地分析了配额政策对产业发展的具体影响。虽在 DID 模型分析中，以产业系统熵代表了包括产出约束、碳排放量等要素在内的产业影响因素，对时间和碳配额政策等因素进行了拟合，但在建立DID模型的过程中，发现逐个囊括产出约束等因素的模型会形成多层计量模型，模型解释和模型拟合都难以较完整的表述清楚，如何进一步梳理这部分内容，将会是一个比较有价值的研究方向。

（3）借鉴螺旋理论和分析方法，提出影响产业系统低碳优化的三个最为重要的基本要素（CTP），即碳资源流动、技术进步、政策优化，技术进步对不同产业部门碳资源消耗的边际产出作用效果不同，推动了产业部门间碳资源的流动，为了保障碳资源的合理流动，必然会倒逼政策优化，动态政策的实施又会进一步改变技术偏向性特征。从形式上，以上三个基本要素的内部机理符合螺旋低碳演化的特征，但是本书并没有进一步测度技术进步、碳资源流动以及政策优化对产业系统低碳演化的螺旋效应，如何利用信息论、测度论以及基于大数据的机器学习中的先进方法，进一步深化螺旋驱动效应的测度，将是进一步深入研究的方向。

产业系统螺旋低碳演化理论的研究涉及多个学科，且存在一定的学科交叉，需要将涉及的内容进行整合融化，这是一项极其复杂的系统工程，需要不断地学习相关领域的科学知识和分析方法，做到博学广用、深度研究，方可不断地进行更高层面的理论分析以解决现实中的相关问题。同时，产业系统碳减排机理的研究远非停留于理论研究或借鉴理论成果进行假设研究方面，更需要相关研究者走出实验室、走进社会、深入产业行业，用实际行动获取相关的一线数据，并据此分析和预测出确凿的应用信息，为产业系统的碳减排提供切实可行的借鉴。

参考文献

[1] Arthur W B. Competing Technologies, increasing returns, and lock - in by historical events [J] . Economic Journal, 1989, 99 (394): 116 - 131.

[2] Alexander S, Rutherford J. The deep green alternative: debating strategies of transition [M]. Simplicity Institute Report, 2014.

[3] Akihiro Nishia, Nicholas A Christakis. Human behavior under economic inequality shapes inequality [J]. PNAS, 2015, 112 (52): 15781 - 15782.

[4] Akihiro Nishil, Hirokazu Shirado, David G Randl, Nicholas A Christakis. Inequality and visibility of wealth in experimental social networks [J]. Nature, 2015, 526: 426 - 429.

[5] Axel P. Allocating the CO_2 emissions of an oil refinery with aumann—shapley prices [J]. Energy Economics, 2007 (29): 563 - 577.

[6] Biesiot W, Noorman K J. Energy requirements of household consumption: a case study of the Netherlands [J]. Ecological Economics, 1999 (28): 367 - 383.

[7] Barabási A L. The origin of bursts and heavy tails in human dynamics [J]. Nature, 2005 (435): 207 - 211.

[8] Burke M, Hsiang S M, Miguel E. Global non - linear effect of temperature on economic production [J]. Nature, 2015, 527 (7577): 235 - 239.

[9] Cynthia Jeffrey, Jon D Perkins. The association between energy

taxation, participation in an emissions trading system, and the intensity of carbon dioxide emissions in the European Union [J]. The International Journal of Accounting, 2015, 12 (50): 397 -417.

[10] Chang T C, Lin S J. Grey relation analysis of carbon dioxide emissions from industrial production and energy uses in Taiwan [J]. Journal of Environmental Management, 1999, 56 (4): 247 -257.

[11] Christoph Hauert, Michael Doebeli. Spatial structure often inhibits the evolution of cooperation in the snowdrift game [J]. Nature, 2004, 428 (8): 643 -646.

[12] Cote S, House J, Willer R. High economic inequality leads higher - income individuals to be less generous [J]. PNAS, 2015, 112: 15838 -15843.

[13] Carsten Herrmann-Pillath. The evolutionary approach to entropy: Reconciling Georgescu - Roegen′s naturalphilosophy with the maximum entropy framework [J]. Ecological Economics, 70 (2011): 606 -616.

[14] De Villemeur E. B, J. L. Sharing the cost of global warming [J]. The Scandinavian Journal of Economics, 2011, 113 (4): 758 -783.

[15] Ebohon O J. Energy, economic growth and causality in developing countries: a case study of Tanzania and Nigeria [J]. Energy policy, 1996, 24 (5): 447 -453.

[16] Eduardo Anselmo de Castro, Carlos Rodrigues, Carlos Esteves, Artur da Rosa Pires. The triple helix model as a motor for the creative use of telematics [J]. Research Policy, 2000, 2 (29): 193—203.

[17] Marcos P, Estellita Lins, Eliane G Gomes, etc. Olympic ranking based on a zero - sum gains DEA model [J]. European Journal of Operational Research, 2003 (148): 312 -322.

[18] Elvira Uyarraa, Philip Shapiraa, Alan Harding. Low carbon innovation and enterprise growth in the UK: challenges of a place - blind policy mix [J]. Technological Forecasting and Social Change, 2016, 2 (103): 264 - 272.

[19] Elisabetta Allevia, Giorgia Oggionia, Rossana Riccardia, Marco Rocco. Evaluating the carbon leakage effect on cement sector under different climate policies [J]. Journal of Cleaner Production, 2015 (12). online.

[20] Friedman M. Essays in Positive Economics [M]. Chicago: university of Chicago Press, 1953: 87 - 91.

[21] Flavio L Pinheiro, Francisco Santos, Jorge M Pacheco. Linking individual and collective behavior in adaptive social networks [J]. Physical Review Letters, 2016 (116): 128702.

[22] Miguel Pérez de Arcea, Enzo Saumaa, Javier Contrerasb. Renewable energy policy performance in reducing CO_2 emissions [J]. Energy Economics, 2016, 2 (54): 272 - 280.

[23] Gokul C Iyer, Leon E Clarke, James A Edmonds, Nathan Hultman, Haewon McJeon. Long - term payoffs of near - term low - carbon deployment policies [J]. Energy Policy, 2015 (86): 493 - 505.

[24] Gomes E G, Lins M P E. Modelling undesirable outputs with zero - sum gains data envelopment analysis models [J]. Journal of the Operational Research Society, 2008 (59): 616 - 623.

[25] Heinz Welsch. A CO_2 agreement proposal with flexible quotas [J]. Energy Policy, 1993, 7 (21): 748 - 756.

[26] Ian W. H. Parry. Environmental taxes and quotas in the presence of distorting taxes in factor markets [J]. Resource and Energy Economics, 1997 (19): 203 - 220.

[27] Jian Lei Mo, Paolo Agnolucci, Mao Rong Jiang, Ying Fan. The impact of Chinese carbon emission trading scheme (ETS) on low

carbon energy (LCE) investment [J]. Energy Policy, 2016, (89): 271 -283.

[28] Katia Rocha, Ajax Moreira. The role of domestic fundamentals on the economic vulnerability ofemerging markets [J]. Emerging Markets Review, 2010 (11): 173 -182.

[29] Kim M, Park H W. Measuring twitter - based political participation and deliberation in the South Koreancontext by using social network and triple helix indicators [J]. Scientometrics, 2012, 90 (1): 121 -140.

[30] Khan G F, Park H W. Measuring the triple helix on he web: Longitudinal trends in theuniversity - industry - government relationship in Korea [J]. Journal of the American Society for Information Science and Technology, 2011, 62 (12): 2443 -2455.

[31] Kumar S, Russell R R. Technological change, technological catch - up, and capital deepening: relative contributions to growth and convergence during 90′s [J]. The American Economic Review, 2002, 92 (3): 527 -548.

[32] Lucas R E. Why doesn′t capital flow from rich to poor countries? [J]. The American Economic Review, 1990, 80 (2): 92 -96.

[33] Liana Kobzeva, Evgeny Gribov, Ivan Kuznetsov. Creating a web infrastructure of the regional innovation ecosystem in the triple helix model in Russia [J]. Procedia - Social and Behavioral Sciences, 2012, (52): 72 -79.

[34] Leydesdorff L, Etzkowitz H. Emergence of a triple helix of univereity - industry - government relations [J]. Science and Public Policy, 1996 (23): 279 -286.

[35] Leydesdorff L, Sun Y. National and international dimensions of the triple helix in Japan; University - industry - government versus international co - authorship relations [J]. Journal of the American Societyfor Information Science and Technology, 2009,

60 (4): 778 - 788.

[36] Leydesdorfe L. The triple helix, quadruple helix, and an N - tuple of helices: explanatory models foranalyzing the knowledge - based economy? [J] . Journal of the Knowledge Economy, 2012, 3 (1): 25 - 35.

[37] Leydesdorff L, Zhou P. Measuring the knowledge - based economy of china in terms of synergyamong technological, organizational, and geographic attributes of firms [J] . Scientometrics, 2013. doi: 10. 1007/sl1192 - 013 - 1179 - 1.

[38] Marshall A. Principles of economics: unabridged eighth edition [M]. Cosimo, Inc. , 2009.

[39] Martin C F, Bhui R, Bossaerts P. Chimpanzee choice rates in competitive games match equilibrium game theory predictions [J]. Scientific Reports, 2014 (4): 5182.

[40] McCain R A. Behavioral and brain [J]. Science, 2014, 37 (3): 265 - 265,

[41] Mi Z F, Pan S Y, Yu H, et al. Potential impacts of industrial structure on energy consumption and CO_2 emission: a case study of Beijing [J]. Journal of Cleaner Production, 2015 (103): 455 - 462.

[42] Nelson R R, S G Winter. An evolutionary theory of economic change [M]. Cambridge University Press, 1982: 73 - 136.

[43] Nelson R R, S. G. Winter. An evolutionary theory of economic change [M]. Cambridge University Press, 1982: 73 - 136.

[44] Park H W, Leydesdorff L. Longitudinal trends in networks of university - industry - government relationsin South Korea: the role of programmatic incentives [J] . Research Policy, 2010, 39 (5): 640 - 649.

[45] Steffen Rebennack. Generation expansion planning under uncertainty with emissions quotas [J] . Electric Power Systems Re-

search, 2014, 9 (114): 78 - 85.

[46] Schumpeter J. Capitalism, socialism, and democracy [M]. 5th edition. London: George Allen and Unwin Press, 1976: 43 - 56.

[47] Stefano Battiston, J Doyne Farmer, Andreas Flache, Diego Garlaschelli, Andrew G. Haldane, Hans Heesterbeek, Cars Hommes, Carlo Jaeger, Robert May, Marten Scheffer. Complexity theory and financial regulation [J]. Science, 2016, 351 (6275): 818 - 819.

[48] Solow R M. Intergenerational equity and exhaustible resources [J]. The review of economic studies, 1974 (41): 29 - 45.

[49] 王正明，温桂梅，路正南. 基于耗散结构系统熵模型的产业有序发展研究 [J]. 中国人口：资源与环境，2012, 22 (12): 54 - 59.

[50] 肖忠东，孙林岩，吕坚. 经济系统与生态系统的比较 [J]. 管理工程学报，2003, 17 (4): 23 - 27.

[51] 王季陶. 现代热力学——基于扩展卡诺定理 [M]. 复旦大学出版社，2010.

[52] 路正南，李恒川. 基于非期望产出率熵变机理的产业系统减排研究 [J]. 统计与决策，2015 (9).

[53] 李志强，刘春梅. 基于耗散结构的厂商家创新行为系统熵变模型 [J]. 中国软科学，2009 (8): 162 - 166.

[54] 蒋雪梅，刘轶芳. 全球贸易隐含碳排放格局的变动及其影响因素 [J]. 统计研究，2013 (9): 29 - 36.

[55] 周五七，聂鸣. 中国碳排放强度影响因素的动态计量检验 [J]. 管理科学，2012 (10): 99 - 107.

[56] 宋德勇，卢忠宝. 中国碳排放影响因素分解及其周期性波动研究 [J]. 中国人口·资源与环境，2009 (19): 18 - 24.

[57] 丁丁，冯静茹. 论我国碳交易配额分配方式的选择 [J]. 国际商务：对外经济贸易大学学报，2013 (2): 83 - 92.

[58] 令狐大智，叶飞. 基于历史排放参照的碳配额分配机制研

究［J］．中国管理科学，2015（6）：65－72.
［59］叶飞，令狐大智．双寡头竞争环境下的碳配额分配策略研究［J］．系统工程理论与实践，2015（12）：3039－3046.
［60］吴洁，范英，夏炎，等．碳配额初始分配方式对我国省区宏观经济及行业竞争力的影响［J］．管理评论，2015，27（12）：18－26.
［61］吴洁，夏炎，范英．全国碳市场与区域经济协调发展［J］．中国人口：资源与环境，2015，25（10）：11－17.
［62］唐葆君，周慧羚，曹红，等．APEC 成员碳排放与经济增长及对中国的政策启示［J］．管理学报，2015，12（12）：1865－1871.
［63］唐金环，戢守峰，朱宝琳．考虑碳配额差值的选址－路径－库存集成问题优化模型与算法［J］．中国管理科学，2014，22（9）：114－122.
［64］杜莉，张云，王凤奎．开发性金融在碳金融体系建构中的引致机制［J］．中国社会科学，2013（4）：103－119.
［65］王成军．官产学三重螺旋研究：知识与选择［M］．社会科学文献出版社，2005.
［66］吴敬琏．发展中国高新技术产业制度重于技术［M］．中国发展出版社，2002.
［67］范柏乃，余钧．三重螺旋模型的理论构建、实证检验及修正路径［J］．科学学研究，2014，32（10）：1552－1558.
［68］方卫华．创新研究的三重螺旋模型：概念、结构和公共政策含义［J］．自然辩证法研究，2003（11）：69－72.
［69］王成军．中外三重螺旋计量比较研究［J］．科研管理，2006，27（6）：19－27.
［70］柳岸．我国科技成果转化的三螺旋模式研究——以中国科学院为例［J］．科学学研究，2011（8）：1129－1134.
［71］周春彦，亨利·艾茨科威兹．双三螺旋：创新与可持续发展［J］．东北大学学报（社会科学版），2006，8（3）：170－174.

[72] 林学军. 基于三螺旋创新理论模型的创新体系研究 [M]. 暨南大学出版社, 2010.
[73] 周春彦, 李海波, 李星洲, 等. 国内外三螺旋研究的理论前沿与实践探索 [J]. 科学与管理, 2011 (4): 21-27.
[74] 周春彦. 大学-产业-政府三螺旋创新模式——亨利·埃茨科威兹《三螺旋》评介 [J]. 自然辩证法研究, 2006 (4): 75-77.
[75] 王发明, 毛荐其. 基于技术进步的产业技术协同演化机制研究 [J]. 科研管理, 2010 (6): 41-48.
[76] 蔡乌赶. 技术创新、制度创新和产业系统的协同演化机理及实证研究 [J]. 天津大学学报 (社会科学版), 2012 (05): 401-406.
[77] 张立超, 刘怡君. 技术轨道的跃迁与技术创新的演化发展 [J]. 科学学研究. 2015 (1): 137-145.
[78] 朱永达, 张涛, 李炳军. 区域产业系统的演化机制和优化控制 [J]. 管理科学学报, 2001 (3): 73-78.
[79] 史玉民, 胡志强. 产业结构演化的耗散结构观 [J]. 科学学与科学技术管理, 2004 (2): 59-61.
[80] 郭莉, 苏敬勤, 徐大伟. 基于哈肯模型的产业生态系统演化机制研究 [J]. 中国软科学, 2005 (11): 156-160.
[81] 蒋珩. 基于自组织理论的战略性新兴产业系统演化: 不确定性和跃迁 [J]. 科学学与科学技术管理, 2014 (1): 126-131.
[82] 林伯强, 蒋竺均. 中国二氧化碳的环境库兹涅茨曲线预测及影响因素分析 [J]. 管理世界, 2009 (4): 27-36.
[83] 许广月, 宋德勇. 中国碳排放环境库兹涅茨曲线的实证研究——基于省域面板数据 [J]. 中国工业经济, 2010 (5): 37-47.
[84] 郭朝先. 中国二氧化碳排放增长因素分析——基于 SDA 分解技术 [J]. 中国工业经济, 2010 (12): 47-56.
[85] 王群伟, 周鹏, 周德群. 我国二氧化碳排放绩效的动态变

化、区域差异及影响因素［J］. 中国工业经济，2010（1）：45－54.

［86］付雪，王桂新，魏涛远. 上海碳排放强度结构分解分析［J］. 资源科学，2011，33（11）：2124－2130.

［87］潘家华，张丽峰. 我国碳生产率区域差异性研究［J］. 中国工业经济，2011（5）：47－57.

［88］张增凯，郭菊娥，安尼瓦尔·阿木提. 基于隐含碳排放的碳减排目标研究［J］. 中国人口：资源与环境，2011，21（12）：15－21.

［89］宋佩珊，计军平，马晓明. 广东省能源消费碳排放增长的结构分解分析［J］. 资源科学，2012，34（3）：551－558.

［90］董会娟，耿涌. 基于投入产出分析的北京市居民消费碳足迹研究［J］. 资源科学，2012，34（3）：494－501.

［91］李跃辉，蒋盼. 中国碳排放量影响因素研究——基于省级面板数据的分析［J］. 经济问题，2012（4）：49－52.

［92］李国志，李宗植. 中国二氧化碳排放的区域差异和影响因素研究［J］. 中国人口：资源与环境，2012，20（5）：22－27.

［93］熊永兰，张志强，曲建升，等. 2005—2009 年我国省域 CO_2 排放特征研究［J］. 自然资源学报，2012，27（10）：1766－1777.

［94］陈丽珍，张坤. 产业结构调整对碳排放量影响的实证分析——以江苏省为例［J］. 产业经济，2012：225－227.

［95］杜强，陈乔，陆宁. 基于改进 IPAT 模型的中国未来碳排放预测［J］. 环境科学学报，2012，32（9）：2294－2302.

［96］田立新，高琳琳. 利用微分方程建立煤炭消耗及碳排放量预测模型［J］. 能源技术与管理，2012（2）：161－164.

［97］张纪录. 消费视角下的我国二氧化碳排放研究［D］. 武汉：华中科技大学，2012.

［98］赵涛，刘广为. 中国碳排放强度影响因素的动态效应分析［J］. 资源科学，2012，34（11）：2106－2114.

［99］米国芳，刘广为. 中国碳排放强度影响因素相关性研

究——基于 VAR 与 SVAR 模型分析 [J]. 中国科技论坛, 2012 (10): 110 - 115.

[100] 李丹丹，刘锐，陈动. 中国省域碳排放及其驱动因子的时空异质性研究 [J]. 中国人口：资源与环境，2013，23 (7): 84 - 92.

[101] 张友国. 中国贸易含碳量及其影响因素——基于（进口）非竞争型投入产出表的分析 [J]. 经济学, 2010, 9 (4): 1287 - 1310.

[102] 李艳梅，付加锋. 中国出口贸易中隐含碳排放增长的结构分解分析 [J]. 中国人口：资源与环境，2010，20 (8): 53 - 57.

[103] 周新. 国际贸易中的隐含碳排放核算及贸易调整后的国家温室气体排放 [J]. 低碳经济与中国发展，2010，22 (6): 17 - 23.

[104] 李陶，陈林菊，范英. 基于非线性规划的我国省区碳强度减排配额研究 [J]. 低碳经济与中国发展，2010，22 (6): 54 - 60.

[105] 吴卫星. 后京都时代（2012—2020 年）碳排放权分配的战略构想——兼及“共同但有区别的责任”原则 [J]. 南京工业大学学报（社会科学版), 2010, 9 (2): 18 - 23.

[106] 樊纲，苏铭，曹静. 最终消费与碳减排责任的经济学分析 [J]. 经济研究，2010 (1): 50 - 55.

[107] 徐盈之，邹芳. 基于投入产出分析法的我国各产业部门碳减排责任研究 [J]. 农业经济研究, 2010 (5): 27 - 35.

[108] 胡志伟，刘勇. 低碳经济视角下的省域竞争研究 [J]. 中国工业经济，2010 (4): 69 - 78.

[109] 刘海啸，张晓津，曲文静. 基于发展视角的各产业部门碳减排责任研究——以河北省为例 [J]. 燕山大学学报, 2011, 12 (3): 123 - 127.

[110] 张克中，王娟，崔小勇. 财政分权与环境污染：碳排放的

视角［J］. 中国工业经济，2011（10）：65－75.
［111］郑立群. 中国各省区碳减排责任分摊——基于零和收益DEA模型的研究［J］. 资源科学，2012，34（11）：2088－2097.
［112］汪臻，赵定涛，洪进. 消费者责任视角下的区域间碳减排责任分摊研究［J］. 中国科技论坛，2012（10）：103－109.
［113］郑立群. 中国各省区碳减排责任分摊——基于公平与效率权衡模型的研究［J］. 干旱区资源与环境，2013，27（5）：1－6.
［114］史亚东. 浅析中国在国际气候合作中的碳减排责任［J］. 生态经济，2013（11）：79－82.
［115］赵慧卿，郝枫. 中国区域碳减排责任分摊研究——基于共同环境责任视角［J］. 北京理工大学学报（社会科学版），2013，15（6）：27－33.
［116］徐盈之，吕璐. 基于投入产出分析的我国碳减排责任分配优化研究［J］. 东南大学学报（哲学社会科学版），2014，16（3）：15－23.
［117］唐金环，戢守峰，朱宝琳. 考虑碳配额差值的选址－路径－库存集成问题优化模型与算法［J］. 中国管理科学，2014，22（9）：114－122.
［118］刘承智. 制造厂商产品碳配额成本核算研究［D］. 山东：山东大学，2014.
［119］王素凤. 中国碳排放权初始分配与减排机制研究［D］. 合肥：合肥大学，2014.
［120］曾少军. 碳减排：中国经营——基于清洁发展机制的考察［M］. 社会科学文献出版社，2010.
［121］尹应凯，崔茂中. 国际碳金融体系构建中的“中国方案”研究［J］. 国际金融研究，2010：59－66.
［122］肖江，田立新，孙梅. 长三角节能减排一体化发展探析［J］. 江苏大学学报（社会科学版），2011，13（2）：89－92.
［123］盛丽颖. 中国碳减排财政政策研究［D］. 辽宁：辽宁大

学，2011.

[124] 夏炎，范英．基于减排成本曲线演化的碳减排策略研究［J］．中国软科学，2012（3）：12－22.

[125] 李凯杰，曲如晓．碳排放配额初始分配的经济效应及启示［J］．国际经济合作，2012（3）：21－24.

[126] 张学洪，章仁俊．发达国家低碳减排的驱动力分析及中国的现状［J］．科技进步与对策，2012，29（2）：6－11.

[127] 秦海岩，王磊，孙天晴．欧洲环境技术验证制度对中国碳减排技术认证的启示［J］．中国人口：资源与环境，2012，22（11）：26－30.

[128] 岳文婧，郑红霞，陈劭锋．碳减排评价指标的建立及应用研究［J］．中国人口：资源与环境，2012，22（11）：21－25.

[129] 彭斯震，张九天．中国2020年碳减排目标下若干关键经济指标研究［J］．中国人口：资源与环境，2012，22（5）：27－31.

[130] 曲剑午．碳排放约束下的中国煤炭总量控制目标研究［D］．北京：中国矿业大学，2012.

[131] 郝淑丽．各主要发达国家碳减排政策工具实施情况分析［J］．循环经济，2013，16（11）：10－12.

[132] 刘静暖，黄林，刘宇．基于灰色模型的碳减排压力分析［J］．工业技术经济，2013（3）：150－155.

[133] 孟军．能源节约、碳减排与中国经济增长［D］．大连：东北财经大学，2013.

[134] 狄琳娜．碳边境调节措施与替代政策研究［D］．天津：天津财经大学，2013.

[135] 陈丽萍，李彤，杨红雄．碳税减排路径与效果辨析［J］．华东经济管理，2013，27（4）：27－31.

[136] 徐云，曹凤中．未来十年我国环境管理政策发展趋势分析［J］．中国环境管理，2013，5（4）：12－15.

[137] 李志学，徐程程，张民刚．我国不同地区碳减排效率评估

研究［J］．商业研究，2013（5）：187－192.

［138］张钰坤，刘雅薇．我国东中西部碳减排路径分析［J］．现代商贸工业，2013（15）：53－55.

［139］刘畅，陆小华．我国碳减排模式探讨——CCS 路线与生物甲烷路线的比较［J］．化工学报，2013，64（1）：7－10.

［140］陈阿文，陈春华．中国产业碳减排驱动因素分析——基于产业结构调整［J］．莆田学院学报，2013，20（6）：36－39.

［141］刘春兰，蔡博峰，陈操操，等．中国碳减排目标的地区分解方法研究述评［J］．地理科学，2013，33（9）：1089－1096.

［142］程云鹤．中国特色碳减排制度创新研究［D］．长春：东北师范大学，2013.

［143］高杨，李健．考虑成本效率的碳减排政策工具最优选择［J］．系统工程，2014，32（6）：119－125.

［144］于李娜，邱磊，于静静．碳减排政策对厂商低碳技术研发的激励作用研究［J］．中国海洋大学学报（社会科学版），2014（2）.

［145］娄峰．碳税征收对我国宏观经济及碳减排影响的模拟研究［J］．数量经济技术经济研究，2014（10）：84－97.

［146］李宾．我国碳减排的定量评估［J］．南方经济，2014（8）：56－70.

［147］王建民，王传旭，杨力．我国碳减排利益相关者界定与分类［J］．安徽理工大学学报（社会科学版），2014，16（5）：17－24.

［148］郭朝先．中国工业碳减排潜力估算［J］．中国人口·资源与环境，2014，24（9）：13－20.

［149］孙天晴，秦海岩，王磊．中国建立碳减排技术评价制度初探［J］．中国人口：资源与环境，2014，24（3）：7－11.

［150］陈理浩．中国碳减排路径选择与对策研究［D］．长春：吉林大学，2014.

［151］王素凤，杨善林．碳减排的不确定性与政策效率：一个研

究综述 [J]. 干旱区资源与环境，2015，29 (4)：47－52.
[152] 李学平，卢志刚，王浩锐，等. 考虑碳减排日指标约束的碳捕集调度策略 [J]. 中国电机工程学报，2012，32 (31)：159－166.
[153] 杨卫华，初金凤，吴哲，等. 基于 LCA 和 CDM 方法学的垃圾焚烧发电过程中碳减排的计算研究 [J]. 节能，2013 (11)：20－24.
[154] 顾佰和，谭显春，池宏，等. 化工行业二氧化碳减排潜力分析模型及应用 [J]. 中国管理科学，2013，21 (5)：141－148.
[155] 戴攀. 电力行业环境效率评价及碳减排综合优化研究 [D]. 杭州：浙江大学，2013.
[156] 张凯，何维达. 技术进步对我国钢铁工业碳减排的影响 [J]. 工业技术经济，2013 (12)：50－56.
[157] 何枫，徐晓宁，王学艳，等. 我国钢铁产业碳减排 LEAP 模型情景研究 [J]. 华东经济管理，2013，27 (12)：89－93.
[158] 刘贞，朱开伟，阎建明，等. 产业结构优化下电力行业碳减排潜力分析 [J]. 管理工程学报，2014 (2)：87－93.
[159] 常明刚，王侃宏，罗景辉，等. 方法学 CM－005－v01 在工业余热利用项目碳减排量化的应用 [J]. 节能，2014 (3)：4－8.
[160] 李力，杨园华，牛国华，等. 中国厂商碳管理策略选择及特征研究 [J]. 科技进步与对策，2014，31 (3)：87－91.
[161] 王志亮，魏洁. 厂商技术进步的碳减排效应分析 [J]. 生态经济，2015，31 (4)：64－68.
[162] 郭日生，彭斯震，霍竹，等. 碳市场 [M]. 北京：科学出版社，2010.
[163] 刘婧. 基于强度减排的我国碳交易市场机制研究 [D]. 上海：复旦大学，2010.
[164] 鄢德春. 中国碳市场建设——融合碳期货和碳基金的行动体系 [M]. 北京：经济科学出版社，2010.

[165] 吉宗玉. 我国建立碳交易市场的必要性和路径研究 [D]. 上海: 上海社会科学院, 2011.
[166] 王毅刚. 中国碳排放权交易体系设计研究 [M]. 北京: 经济管理出版社, 2011.
[167] 龙乾. 中国碳排放交易体系配额设置及发展模式研究 [J]. 山西财经大学学报, 2012, 34 (3): 14-16.
[168] 刘佳宁. 中国发展碳排放权交易市场核心机制设计研究 [J]. 经济问题, 2012 (7): 62-66.
[169] 陈冠伶. 国际碳交易法律问题研究 [D]. 重庆: 西南政法大学, 2012.
[170] 王明荣, 王明喜. 基于帕累托最优配置的碳排放许可证拍卖机制 [J]. 中国工业经济, 2012 (5): 96-108.
[171] 安崇义, 唐跃军. 排放权交易机制下厂商碳减排的决策模型研究 [J]. 经济研究, 2012 (8): 45-58.
[172] 侯玉梅, 潘登, 梁聪智. 碳排放权交易下双寡头厂商生产与减排研究 [J]. 商业研究, 2013 (429): 176-182.
[173] 杨冬梅, 张蕾, 谢传胜. 碳排放限额交易市场设计和模型构建 [J]. 科技和产业, 2013, 13 (1): 96-98.
[174] 陈洁民, 李慧东, 王雪圣. 澳大利亚碳排放交易体系的特色分析及启示 [J]. 生态经济, 2013 (4): 70-75.
[175] 郑晓曦, 陈薇, 蒯文婧. 国际碳交易发展及对我国的启示 [J]. 学术论坛, 2013 (4): 118-122.
[176] 陈远新, 陈卫斌, 吴远谋, 等. 国际碳交易经验对我国碳交易市场和标准体系建立的启示 [J]. 中国标准化, 2013 (4): 65-68.
[177] 冯静茹. 论欧美碳交易立法路径的选择及其对我国的启示 [J]. 河北法学, 2013, 31 (5): 151-162.
[178] 谢绵陛. 碳交易的国际实践经验与启示 [J]. 东南学术, 2013 (3): 67-74.
[179] 张娇娇, 张伟伟. 中国碳交易市场发展路径构想 [J]. 经

济视角，2013 (9)：116 - 118.
[180] 陈晓红，胡维，王陟昀．自愿减排碳交易市场价格影响因素实证研究——以美国芝加哥气候交易所（CCX）为例 [J]．中国管理科学，2013，21 (4)：74 - 81.
[181] 荆克迪，安虎森，田柳．国际碳交易市场收益波动率研究及其对中国的启示——基于 A - PARCH 模型的 Bluenext 碳交易市场的实证分析 [J]．南京社会科学，2014 (3)：24 - 32.
[182] 马啸原，李兵，姚兴振．基于 Swarm 的厂商碳交易博弈仿真分析 [J]．中国市场，2014 (12)：126 - 128.
[183] 俞业夔，李林军，李文江，等．中国碳减排政策的适用性比较研究——碳税与碳交易 [J]．生态经济，2014，30 (5)：77 - 81.
[184] 荆克迪．中国碳交易市场的机制设计与国际比较研究 [D]．天津：南开大学，2014.
[185] 魏庆坡．碳交易与碳税兼容性分析——兼论中国减排路径选择 [J]．中国人口：资源与环境，2015，25 (5)：35 - 43.
[186] 刘承智，潘爱玲．碳排放交易体系下的排放权交易会计政策研究 [J]．财经理论与实践，2015 (2)：77 - 83.
[187] 穆丽霞，胡敏敏．中国在国际碳交易定价中的应对策略 [J]．首都经济贸易大学学报，2015，17 (1)：56 - 61.
[188] 原毅军，董琨．产业系统结构的变动与优化：理论解释和定量分析 [M]．大连理工大学出版社，2008.
[189] 易丹辉．数据分析与 EViews 应用 [M]．中国人民大学出版社，2008.

附录 A　产业系统极小熵存在性的论证

类似于热传导过程，产业系统的低碳发展演化过程，就是在一定的产出水平下，产业系统内的碳配额制度使得碳资源在产业部门间流动，类比热力学系统中的热量流动，而系统的价值可以用系统的耗散程度来反映，对于产业系统而言，可以用产业系统的效用函数来反映。低碳化视角下的产业系统熵，由产业系统碳配额水平和产业系统效用函数共同决定。可以表示为

$$U = \frac{C}{W} \tag{A-1}$$

式中，U 代表产业系统熵，C 为产业部门获得的碳配额，W 为产业系统的效用函数。

1. 产业系统熵变哈密尔顿系统的构造

（1）动态哈密尔顿约束方程的构建

经典经济增长模型中最初引入技术进步因素的是 Arrow. K. J（1985）在其研究中提出的柯布－道格拉斯形式：

$$y = F(t,(K-K_C),(L-L_C),(T-T_C),(E-E_C),C) \tag{A-2}$$

假设 K 为固定资产投资，K_C 为直接影响碳投入的固定资产投资，L 为劳动力，L_C 为直接影响碳投入的劳动力，T 代表技术进步，T_C 为直接影响碳投入的技术进步，E 为能源消费总量，E_C 为直接影响碳投入的能源消费，C 为产业系统的碳投入。将式（A-3）变形为柯布－道格拉斯生产函数的形式为

$$Y = Ae^{\lambda t}(K-K_C)^{b_1}(L-L_C)^{b_2}(T-T_C)^{b_3}(E-E_C)^{b_4}C^{b_5} \tag{A-3}$$

参照路正南（2013）研究中给出的动态哈密尔顿系统约束方程，将产业系统产值进行微分，可以得到

$$\frac{\dot{y}}{y}=\frac{\partial F}{\partial t}\frac{1}{y}+\frac{\partial F}{\partial K}\frac{K}{y}\frac{\dot{K}}{K}+\frac{\partial F}{\partial L}\frac{L}{y}\frac{\dot{L}}{L}+\frac{\partial F}{\partial T}\frac{T}{y}\frac{\dot{T}}{T}+\frac{\partial F}{\partial E}\frac{E}{y}\frac{\dot{E}}{E}-$$
$$\frac{\partial F}{\partial K}\frac{\partial K_C}{\partial C}\frac{\dot{C}}{y}-\frac{\partial F}{\partial L}\frac{\partial L_C}{\partial C}\frac{\dot{C}}{y}-\frac{\partial F}{\partial T}\frac{\partial T_C}{\partial C}\frac{\dot{C}}{y}-\frac{\partial F}{\partial E}\frac{\partial E_C}{\partial C}\frac{\dot{C}}{y}+\frac{\partial F}{\partial C}\frac{\dot{C}}{y}$$

（A-4）

将除碳以外生产要素对产业产值的贡献因子表示为

$$f=\frac{\partial F}{\partial t}\frac{1}{y}+\frac{\partial F}{\partial K}\frac{K}{y}\frac{\dot{K}}{K}+\frac{\partial F}{\partial L}\frac{L}{y}\frac{\dot{L}}{L}+\frac{\partial F}{\partial T}\frac{T}{y}\frac{\dot{T}}{T}+\frac{\partial F}{\partial E}\frac{E}{y}\frac{\dot{E}}{E} \quad \text{(A-5)}$$

将直接影响碳投入的生产要素因子表达为

$$p=\frac{\partial F}{\partial K}\frac{\partial K_C}{\partial C}\frac{\dot{C}}{y}+\frac{\partial F}{\partial L}\frac{\partial L_C}{\partial C}\frac{\dot{C}}{y}+\frac{\partial F}{\partial T}\frac{\partial T_C}{\partial C}\frac{\dot{C}}{y}+\frac{\partial F}{\partial E}\frac{\partial E_C}{\partial C}\frac{\dot{C}}{y} \quad \text{(A-6)}$$

将产业系统碳投入因子表示为

$$q=\frac{\partial F}{\partial C}\frac{\dot{C}}{y} \quad \text{(A-7)}$$

那么可以将式（A-4）简述为

$$\frac{\dot{y}}{y}y=f-p(\frac{\dot{C}}{y}+q(\frac{\dot{C}}{y}) \quad \text{(A-8)}$$

进一步将式（A-7）简化，提炼产业系统产出率变化中的碳减排强度的影响，则式（A-7）可以变为

$$\frac{\dot{y}}{y}=f-g(\frac{C_r}{y}) \quad \text{(A-9)}$$

式中，$g(C_r/y)$为碳减排强度的影响因子，$\dot{C}=C_r$。

（2）基于技术进步和碳资源投入的产业系统产出效用函数构建

关于产出的效用函数有很多，其中最为经典且被普遍接受的是由 Grossman（1991）构建的关于 R&D 投入的效用模型：

$$W_t=\int_{t_0}^{\infty}\mathrm{e}^{-\rho(t-t_0)}\log D(t)\,\mathrm{d}t \quad \text{(A-10)}$$

式中，$D(t)=[\int_0^n N^{\alpha}(i)\,\mathrm{d}i]^{1/\alpha}$，$n$ 代表新产品数，$N=\frac{Y}{n}$代表新产品

对期望产出的贡献率。

参照此模型,基于技术进步和碳资源投入的产业系统产出效用函数应该与此相似,同时,技术进步和碳资源投入下,产业部门的新产品数为 $n(t)=Be^{ks}T^{\beta_1}C^{\beta_2}$,其中,$T$ 为技术进步,C 为碳资源投入,于是可以得到产业系统产出的效用函数为

$$W_t = \int_{t_0}^{\infty} e^{-\rho(t_0-t)}[\log y(t) + a_1\log T(t) + a_2\log C(t)]dt + \int_{t_0}^{\infty} e^{-\rho(t-t_0)}(kt + \log B)dt \tag{A-11}$$

式（A-11）的第二部分与技术进步和碳资源投入没有关系，所以只取前面部分来求解最优化效用函数。技术投入会使得碳排放下降，所以碳排放下降效应的技术进步表示成 $T=\pi T_d+\phi C_r$，π 表示技术投入的增长率，ϕ 表示技术进步作用下的碳减排系数。由于碳减排的要求，碳资源的投入也会受到影响，动态碳减排情形下的碳资源投入可以表示为 $C=\mu C_d+\nu C_r$，其中，μ 为产出增长要求下自然的碳排放增长率，ν 为碳减排率。

此外，为了区别产业碳投入水平的增长和产业碳减排，最终基于技术进步和碳资源投入的产业系统产出效用函数可以取

$$W_t = -\int_{t_0}^{\infty} e^{-\rho(t-t_0)}[\log Y(t) + a_1\log(\pi T_d(t) + \phi C_r(t)) + a_2\log[\mu C_d(t) + \nu C_r(t)]dt \tag{A-12}$$

综合上述分析，产业系统熵变的动态规划方程组可以表示为

$$\max W_t = -\int_{t_0}^{\infty} e^{-\rho(t-t_0)}[\log Y(t) + a_1\log(\pi T_d(t) + \phi C_r(t)) + a_2\log[\mu C_{\mathrm{d}}(t) + \nu C_r(t)]dt$$

$$\text{约束条件}\begin{cases}\dot{y}/y = f - g(C_r/y)\\ \dot{C} = C_r\end{cases}$$

2. 基于产业系统极小熵论证的最优减排路径研究

通过构建动动态哈密尔顿系统的约束方程和产业系统产出效用函数,可以得到方程组:

$$W_t = -\int_{t_0}^{\infty} e^{-\rho(t-t_0)} \{\log Y(t) + a_1 \log[\pi T_d(t) + \phi C_r(t)]\} + a_2 \log[\mu C_d(t) + v C_r(t)] dt$$

$$\dot{y} = f \cdot y(t) - g \cdot C_r$$

$$\dot{C} = C_r$$

动态最优规划的哈密尔顿系统就有如下形式：

$$H(t, Y, T, C_d, C_r, \varphi_1, \varphi_2) = e^{-\rho(t-t_0)} \{\log Y(t) + a_1 \log[\pi T_d + \phi C_r(t)] + a_2 \log(\mu C_d + v C_r)\} + \varphi_1 [f \cdot y(t) - g \cdot C_r] + \varphi_2 \cdot C_r \tag{A-13}$$

(1)产业系统减排最优路径存在的充分条件

产业系统的碳减排机理是最主要的目标，所以在求解产业系统产出的最大效用，即耗散结构视域下，产业系统的极小熵时，为了提高对理论模型的推导，需要考虑累积碳投入水平和碳减排因素的影响。

根据西尔维斯特准则，式(A-12)有一阶偏导：

$$\frac{\partial H}{\partial Y} = e^{-\rho(t-t_0)} \frac{1}{Y} + \varphi_1 f$$

$$\frac{\partial H}{\partial C_d} = e^{-\rho(t-t_0)} \frac{a_2 \mu}{\mu C_d + \nu C_r}$$

$$\frac{\partial H}{\partial C_r} = e^{-\rho(t-t_0)} \frac{a_2 \nu}{\mu C_d + \nu C_r} + e^{-\rho(t-t_0)} \frac{a_1 \phi}{\pi T_d + \phi C_r} - \varphi_1 g + \varphi_2$$

式(A-12)有二阶偏导：

$$\Delta_{11} = \frac{\partial^2 H}{\partial Y^2} = -e^{-\rho(t-t_0)} \frac{1}{Y^2} < 0$$

$$\Delta_{12} = \Delta_{21} = \frac{\partial^2 H}{\partial Y \partial C_d} = \frac{\partial^2 H}{\partial C_d \partial Y} = 0$$

$$\Delta_{13} = \Delta_{31} = \frac{\partial^2 H}{\partial Y \partial C_r} = \frac{\partial^2 H}{\partial C_r \partial Y} = 0$$

$$\Delta_{22} = \frac{\partial^2 H}{\partial {C_d}^2} = -e^{-\rho(t-t_0)} \frac{a_2 \mu^2}{(\mu C_d + \nu C_r)^2} < 0$$

$$\Delta_{23}=\Delta_{32}=\frac{\partial^2 H}{\partial C_d \partial C_r}=\frac{\partial^2 H}{\partial C_r \partial C_d}=-\mathrm{e}^{-\rho(t-t_0)}\frac{a_2\,\mu\nu}{(\mu C_d+\nu C_r)^2}$$

$$\Delta_{33}=-\mathrm{e}^{-\rho(t-t_0)}\frac{a_2\,\nu^2}{(\mu C_d+\nu C_r)^2}-\mathrm{e}^{-\rho(t-t_0)}\frac{a_1\,\phi^2}{(\pi T_d+\phi C_r)^2}$$

二阶导数的矩阵记为

$$\Delta=\begin{bmatrix}\Delta_{11} & \Delta_{12} & \Delta_{13}\\ \Delta_{21} & \Delta_{22} & \Delta_{23}\\ \Delta_{31} & \Delta_{32} & \Delta_{33}\end{bmatrix}$$

另外有

$$\Delta_{11}=\frac{\partial^2 H}{\partial Y^2}=-\mathrm{e}^{-\rho(t-t_0)}\frac{1}{Y^2}<0$$

$$\Delta_{11}\Delta_{22}-\Delta_{12}\Delta_{21}=\left[-\mathrm{e}^{-\rho(t-t_0)}\frac{1}{Y^2}\right]\left[-\mathrm{e}^{-\rho(t-t_0)}\frac{a_2\,\mu^2}{(\mu C_d+\nu C_r)^2}\right]>0$$

$$\Delta_{11}\Delta_{22}\Delta_{33}+\Delta_{12}\Delta_{23}\Delta_{31}+\Delta_{13}\Delta_{21}\Delta_{32}-\Delta_{11}\Delta_{23}\Delta_{32}-\Delta_{12}\Delta_{21}\Delta_{33}-\Delta_{13}\Delta_{22}\Delta_{31}=\Delta_{11}(\Delta_{22}\Delta_{33}-\Delta_{23}\Delta_{32})$$

$$=\left(-\mathrm{e}^{-\rho(t-t_0)}\frac{1}{Y^2}\right)\left[-\mathrm{e}^{-\rho(t-t_0)}\frac{a_2\,\mu^2}{(\mu C_d+\nu C_r)^2}\right]$$

$$\left[-\mathrm{e}^{-\rho(t-t_0)}\frac{a_2\,\nu^2}{(\mu C_d+\nu C_r)^2}-\mathrm{e}^{-\rho(t-t_0)}\frac{a_1\phi^2}{(\pi T_d+\phi C_r)^2}\right]-$$

$$\left[-\mathrm{e}^{-\rho(t-t_0)}\frac{1}{Y^2}\right]\left[-\mathrm{e}^{-\rho(t-t_0)}\frac{a_2\,\mu\nu}{(\mu C_d+\nu C_r)^2}\right]^2<0$$

据此可以判断，矩阵 Δ 的所有奇数阶顺序主子式小于零，所有偶数阶顺序主子式大于零，满足判断负定矩阵的充要条件，二阶导数的矩阵是负定矩阵，汉密尔顿函数是严格凹性的，又由于一阶偏导数都是大于零的，说明了汉密尔顿函数是单调递增的，存在极大值，这就给出了最优化的充分条件。

（2）产业系统减排最优路径存在的必要条件

汉密尔顿函数（A-12）的伴随方程为

$$\frac{\partial H}{\partial Y}+\dot{\varphi}_1=0 \text{ 和 } \frac{\partial H}{\partial C_d}+\varphi_2=0$$

可以得到

$$\dot{\varphi}_1 = -\left[\mathrm{e}^{-\rho(t-t_0)}\frac{1}{Y} + \varphi_1 f\right] < 0$$

$$\dot{\varphi}_2 = -\left[\mathrm{e}^{-\rho(t-t_0)}\frac{a_2\mu}{\mu C_d + \nu C_r}\right] < 0$$

根据庞德里亚金最大值准则，汉密尔顿系统的横截条件为

$$\varphi_i\bigg|_{t_0}^{\varepsilon} = 0,\ i = 1,\ 2.$$

始端固定为 $t = t_0$，在区间 $[t_0,\ \varepsilon]$ 上，$t_0 \leqslant \varepsilon < +\infty$，终端自由，故有

$$\varphi_i(\varepsilon) = 0, i = 1,\ 2.$$

由于 $\dot{\varphi}_1$ 和 $\dot{\varphi}_2$ 都小于 0，加上横截条件知，在区间 $[t_0,\ \varepsilon]$ 上，$\varphi_i(t)$ 是单调递减的，故有

$$\varphi_i(t) > 0,\ t \in [t_0,\ \varepsilon],\ i = 1,\ 2.$$

最优化的必要条件就是满足：存在 $\varphi(t) = (\varphi_1(t), \varphi_2(t))$ 成立的伴随方程。通过求解汉密尔顿系统的控制方程，就可以找到最优解 $H^* = (Y^*, C_d{}^*, C_r{}^*)$，进而可以得到产业系统的极小熵视角下，产业系统的最优碳减排强度。

附录B 考虑碳配额的代表性厂商经济学模型的构建及推导

假设1：为了更加清晰地展现交易的过程，要尽量将市场交易主体简化和抽象，运用经济学领域研究市场交易比较典型的“代表性厂商”表示，假设每个行业只选一个代表性厂商来代表整个行业的碳排放情况。经过产业系统碳排放强度熵变的因素分解，把行业归为4类典型排放强度行业，故4个厂商表示为F_i，$i=1$，2，3，4，F_1表示高碳排放强度行业的厂商，F_2表示中高碳排放强度行业的厂商，F_3表示中低碳排放强度行业的厂商，F_4表示低碳排放强度行业的厂商。

假设2：以G代表碳排放强度。设碳排放初始强度为G^0，各行业初始碳排放强度分别为G_1^0，G_2^0，G_3^0和G_4^0。碳排放强度为约束条件，另设一定时空区域内碳排放强度上限为G^c，那么4个代表性厂商的碳排放强度上限为G_1^c，G_2^c，G_3^c和G_4^c，即厂商碳排放强度的约束值，则厂商碳排放强度的减排为$G^r=G^0-G^c$。假设现在要求产业系统内部4个厂商平均分摊碳排放强度减排值，即每个厂商的碳排放强度减排值为$G^r/4=(G^0-G^c)/4$，记为G_i^r。故在碳排放强度减排值相等时，有$G_1^r=G_2^r=G_3^r=G_4^r$。

减排后各厂商的碳排放强度约束值$G_i^c=G_i^0-G_i^r$，即各厂商碳排放强度约束值分别为$G_1^c=G_1^0-G_1^r$，$G_2^c=G_2^0-G_2^r$，$G_3^c=G_3^0-G_3^r$，$G_4^c=G_4^0-G_4^r$，则存在等式，总的碳强度约束值为碳排放强度初始值和减排值的差额：

$$\begin{aligned}G^c &= G_1^c+G_2^c+G_3^c+G_4^c=G_1^0-G_1^r+G_2^0-G_2^r+G_3^0-G_3^r+G_4^0-G_4^r\\&=G_1^0+G_2^0+G_3^0+G_4^0-(G_1^r+G_2^r+G_3^r+G_4^r)\\&=G^0-G^r\end{aligned}$$

假设3：Q_i代表厂商碳排放量，根据碳排放强度公式可以得到 $Q_i = G_i \cdot Y_i$，Y 为行业代表性厂商产值即行业产值。设碳排放源在不涉及任何污染治理时的碳排放量为 Q^0，那么 4 个碳排放源的初始排放量为 Q_i^0，具体为 Q_1^0，Q_2^0，Q_3^0，Q_4^0。为实现碳排放强度的控制，允许的最大碳排放量为 Q^c，则各个厂商碳排放源的碳排放量约束值为 Q_i^c，具体为 Q_1^c，Q_2^c，Q_3^c，Q_4^c。总共需要的碳减排量为 Q^r，各个厂商需要削减的碳排放量为 Q_1^r，Q_2^r，Q_3^r，Q_4^r。碳排放的减排量与初始值、约束值的关系为 $Q^r = Q^0 - Q^c$。

碳排放的初始值与碳减排值的差额构成总的碳排放量约束值，则有

$$
\begin{aligned}
Q^c &= Q_1^c + Q_2^c + Q_3^c + Q_4^c \\
&= G_1^c \cdot Y_1 + G_2^c \cdot Y_2 + G_3^c \cdot Y_3 + G_4^c \cdot Y_4 \\
&= Q_1^0 - G_1^r \cdot Y_1 + Q_2^0 - G_2^r \cdot Y_2 + Q_3^0 - G_3^r \cdot Y_3 + Q_4^0 - G_4^r \cdot Y_4 \\
&= Q_1^0 + Q_2^0 + Q_3^0 + Q_4^0 - (Q_1^r + Q_2^r + Q_3^r + Q_4^r) \\
&= Q^0 - Q^r
\end{aligned}
$$

根据 $Q_i^r = G_i^r \cdot Y_i$，由于碳排放强度减排量 $G_1^r = G_2^r = G_3^r = G_4^r$，所以各厂商的产值不相等，4 个厂商需要削减的碳减排量也不相等，即 $Q_1^r \neq Q_2^r \neq Q_3^r \neq Q_4^r$。

碳减排量与厂商产值的比均等于碳强度的削减量，因此相等，即 $G_i^r = Q_1^r/Y_1 + Q_2^r/Y_2 + Q_3^r/Y_3 + Q_4^r/Y_4$。

假设4：q 代表产品产量，4 个厂商的产量分别为 q_1，q_2，q_3，q_4，则市场总产量为 $q = q_1 + q_2 + q_3 + q_4$。

假定4 个厂商的需求函数为 $D(p) = q = a - p_q$，根据需求函数可以得到，市场出清价格为 $p_q(q) = a - q = a - q_1 - q_2 - q_3 - q_4$。

假定4 个厂商的生产没有固定成本，即生产的成本函数为 $C_i(q) = c_{iq} \cdot q_i$，且边际成本均相等，即 $c_{1q} = c_{2q} = c_{3q} = c_{4q} = c$。

假设5：设每个厂商生产过程中产生的碳排放量与产品产量成正比，其比例关系为 α_1，α_2，α_3，α_4，且有 $\alpha_1 > \alpha_2 > \alpha_3 > \alpha_4$，即为各行业的碳排放系数，则有 $Q_i = \alpha_i \cdot q_i$。从系数大小来看，高碳排放量厂商系数要明显高于低碳排放厂商，则各个厂商碳排

放源的碳减排量分别为 $\alpha_1 q_1 - Q_1^c$，$\alpha_2 q_2 - Q_2^c$，$\alpha_3 q_3 - Q_3^c$ 和 $\alpha_4 q_4 - Q_4^c$。

厂商的收益函数为 $Y = p_q \cdot q = [a - (q_1 + q_2 + q_3 + q_4)] \cdot q$，故碳强度与碳排放系数存在如下关系：根据 $Q = \alpha \cdot q = \alpha \cdot Y/p_q = (\alpha/p_q) \cdot Y$，可以得到 $G = Q/Y = \alpha/p_q$。

假设6：各厂商根据不同的边际碳减排成本进行交易。设每个碳排放源都有一个碳减排成本函数 $C_i(R)$，并与其生产工艺和技术水平相对应。假设碳减排成本与碳排放的削减量是线性相关的，其系数分别为 β_1，β_2，β_3 和 β_4，那么就有 $C_i(R) = \beta_i Q_i^r$。成本函数具体为 $C_{ir} = \beta_i Q_i^r = \beta_i (Q_i^0 - G_i^c \cdot Y_i) = \beta_i (\alpha_i q_i - G_i^c \cdot Y_i)$。根据4个行业不同的技术水平，假设 $\beta_1 > \beta_2 > \beta_3 > \beta_4$。

假设7：假设价格 P 为碳交易市场出清时单位碳排放量的价格。现实碳交易的过程中会存在诸如基础信息搜寻费用、讨价与决策费用、监测与执行费用等交易成本，但在本理论模型的探讨中为了研究的方便，此处假设交易费用为零。

假设8：厂商的利润为 U，利润函数为收益与成本的差值。其中，成本可以分为三类：产出成本 $C_i(q) = C_i q \cdot q_i$，即生产过程中生产要素投入构成的成本；碳减排成本 $C_i(R) = \beta_i Q_i^r$，即降低碳排放量构成的成本；交易成本 $C_i(T) = P \cdot Q_i^r$，即交易碳排放权所需要的成本。那么，厂商的利润函数可以表示为

$$U_i = p_q \cdot q_i - C_{iq} \cdot q_i - \beta_i Q_i^r - P \cdot Q_i^r$$

在基于碳强度减排的碳交易中，4个行业代表性厂商碳强度指标的作用机制如图 B-1 所示。

横轴代表厂商碳强度的削减量，纵轴代表厂商碳排放的削减量。根据 $Q_i = G_i \cdot Y_i$ 可以得到厂商碳排放削减量的曲线，根据4个代表性行业厂商的产值大小，设图中 Q 曲线由上到下依次为 Q_4，Q_3，Q_2 和 Q_1。根据碳强度约束的要求，共需削减碳排放强度 $G^r = G^0 - G^c$，并且要求每个厂商的碳排放强度削减量均相等，为 $G^r/4 = (G^0 - G^c)/4$，记为 G_i^r。其中，设 G_1，G_2，G_3 和 G_4 与 G_i^r 的差值分别为 ΔG_1，ΔG_2，ΔG_3 和 ΔG_4，且 $\Delta G_4 + \Delta G_3 = \Delta G_1 + \Delta G_2$。

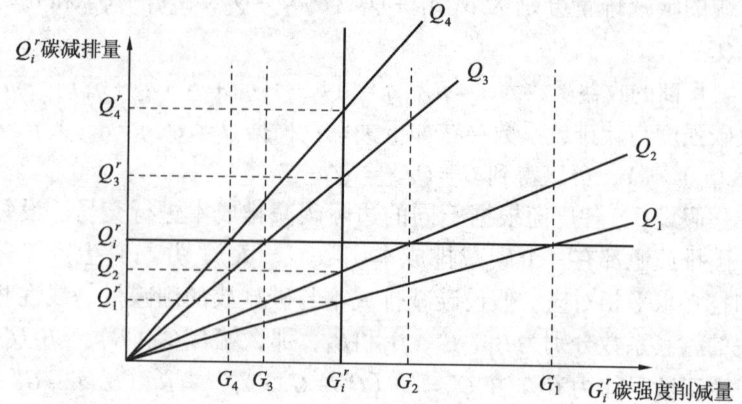

图 B-1　碳交易中碳强度指标作用机制

1. 碳排放权交易开展的基础

由于产业系统存在碳排放强度约束，假设 3 中，4 个厂商的碳排放量约束分别为 Q_1^c，Q_2^c，Q_3^c 和 Q_4^c。如果碳市场中存在交易，那么碳排放的交易量可以表示为 Q^r（$Q^r>0$），若用碳排放量的变化表示，则为 ΔQ_i（$\Delta Q_i \neq 0$）。

经过碳市场的交易，各厂商最终可以获得的碳排放量为 Q_i^*，则有 $Q_i^* = Q_i^c + \Delta Q_i$。

由此可知，若 $\Delta Q_i > 0$，那么厂商 F_i的碳排放量超标，若想继续进行生产，它要么向其他厂商购买碳排放量，要么技术升级来降低碳排放量；若 $\Delta Q_i < 0$，则该厂商的碳排放量是有盈余的，可以出售其碳排放权。

对于碳排放超标的厂商来说，存在 $Q_i^* = Q_i^c + Q_i^r$；对于碳排放盈余的厂商来说，则有 $Q_i^* = Q_i^c - Q_i^r$。

实现碳交易后，4 个代表性厂商最终总共拥有的碳排放量应该和碳排放的约束总量是相等的，即 $Q_1^* + Q_2^* + Q_3^* + Q_4^* = Q_1^c + Q_2^c + Q_3^c + Q_4^c$，也可以表示成为 $Q_4^c - Q_4^* + Q_3^c - Q_3^* = Q_1^* - Q_1^c + Q_2^* - Q_2^c$，即 $Q_1^r + Q_2^r = Q_3^r + Q_4^r$，或 $\Delta Q_1 + \Delta Q_2 + \Delta Q_3 + \Delta Q_4 = 0$。

由此可知，碳交易市场中交易得以实现的基础是，高碳排放

厂商 F_1 和中高碳排放厂商 F_2 所需的碳排放量恰好可以从中低碳排放厂商 F_3 和低碳排放厂商 F_4 处购得。

2. 产业系统碳排放交易的均衡产出

产业系统碳排放交易后的均衡产出，必定是产业系统中各个厂商均追求其经济效益的最佳，所以产业系统碳排放交易后的均衡状态可以转化为求解各个厂商利润最大化的问题，从而探讨各厂商的产出和碳排放量。

（1）不存在碳交易时的均衡产出

在不考虑碳排放交易的情况下，各厂商会根据自身的碳排放约束，通过自身碳减排来达到约束要求，是如何决定均衡产出和厂商利润的。

根据假设，代表性厂商的需求函数为 $D(p)=q=a-p_q$，成本函数为 $C_i(q)=C_{iq}\cdot q_i$，其利润为 U，是收益函数与成本函数的差值。一般的，厂商的成本可以分为三大类：生产成本 $C_i(q)=C_{iq}\cdot q_i$，减排成本 $C_i(R)=\beta_i Q_i^r$，以及碳交易成本 $C_i(T)=P\cdot Q_i^r$。所以，在不考虑碳交易的情况下，厂商的成本是产出成本与减排成本的总和。

4 个代表性厂商利润最大化的目标函数分别为

F_1 厂商，$\max U_1=[(a-q_1-q_2-q_3-q_4)\cdot q_1-cq_1-\beta_1(\alpha_1 q_1-Q_1^*)]$

约束条件：$Q_1^c<Q_1^*$

F_2 厂商，$\max U_2=[(a-q_1-q_2-q_3-q_4)\cdot q_2-cq_2-\beta_2(\alpha_2 q_2-Q_2^*)]$

约束条件：$Q_2^c<Q_2^*$

F_3 厂商，$\max U_3=[(a-q_1-q_2-q_3-q_4)\cdot q_3-cq_3-\beta_3(\alpha_3 q_3-Q_3^*)]$

约束条件：$Q_3^c>Q_3^*$

F_4 厂商，$\max U_4=[(a-q_1-q_2-q_3-q_4)\cdot q_4-cq_4-\beta_4(\alpha_4 q_4-Q_4^*)]$

约束条件：$Q_4^c>Q_4^*$

欲求上述4个代表性厂商利润最大化目标函数的最优解，需要分别对目标函数求关于其产量的一阶导数，结果如下：

$$\begin{cases}\partial U_1/\partial q_1 = a - 2q_1 - q_2 - q_3 - q_4 - c - \alpha_1\beta_1 \\ \partial U_2/\partial q_2 = a - q_1 - 2q_2 - q_3 - q_4 - c - \alpha_2\beta_2 \\ \partial U_3/\partial q_3 = a - q_1 - q_2 - 2q_3 - q_4 - c - \alpha_3\beta_3 \\ \partial U_3/\partial q_3 = a - q_1 - q_2 - q_3 - 2q_4 - c - \alpha_3\beta_3\end{cases}$$

令其为零，则得到4个厂商的均衡产出：

$$(\frac{a-c-4\alpha_1\beta_1+\alpha_2\beta_2+\alpha_3\beta_3+\alpha_4\beta_4}{5},$$

$$\frac{a-c+\alpha_1\beta_1-4\alpha_2\beta_2+\alpha_3\beta_3+\alpha_4\beta_4}{5},$$

$$\frac{a-c+\alpha_1\beta_1+\alpha_2\beta_2-4\alpha_3\beta_3+\alpha_4\beta_4}{5},$$

$$\frac{a-c+\alpha_1\beta_1+\alpha_2\beta_2+\alpha_3\beta_3-4\alpha_4\beta_4}{5})$$

上述均衡产出表明，在不考虑碳交易时，以高产出和高利润为目标的厂商，会在考虑碳排放约束的条件下，使产量最大化，实现最高收益。

（2）存在碳交易时交易价格的确定

探讨存在碳排放交易时，代表性厂商如何对碳排放权定价从而使得利润最大化。

此时，厂商的利润函数中加入碳交易成本后，可以表示为

$$U_i = Y - C_{iq} - C_{ir} = pq_i - c_{iq} \cdot q_i - P \cdot Q_i^r$$

那么，厂商利润最大化的目标函数可以表示为

$$\max U_1 = (a - q_1 - q_2 - q_3 - q_4) \cdot q_1 - cq_1 - P(\alpha_1 q_1 - Q_1^c)$$

$$\max U_2 = (a - q_1 - q_2 - q_3 - q_4) \cdot q_2 - cq_2 - P(\alpha_2 q_2 - Q_2^c)$$

$$\max U_3 = (a - q_1 - q_2 - q_3 - q_4) \cdot q_3 - cq_3 - P(Q_3^c - \alpha_3 q_3)$$

$$\max U_4 = (a - q_1 - q_2 - q_3 - q_4) \cdot q_4 - cq_4 - P(Q_4^c - \alpha_4 q_4)$$

厂商的利润函数，是总产量 q 和碳交易价格 P 的函数，基于“经济人假设”厂商追求利润最大化。因此上式可以变形为

$$\max U_1=(a-q)(q-q_2-q_3-q_4)-c(q-q_2-q_3-q_4)-P\left[\alpha_1(q-q_2-q_3-q_4)-Q_1^c\right]$$

$$\max U_2=(a-q)(q-q_1-q_3-q_4)-c(q-q_1-q_3-q_4)-P\left[\alpha_2(q-q_1-q_3-q_4)-Q_2^c\right]$$

$$\max U_3=(a-q)(q-q_1-q_2-q_4)-c(q-q_1-q_2-q_4)+P\left[Q_3^c-\alpha_3(q-q_1-q_2-q_4)\right]$$

$$\max U_4=(a-q)(q-q_1-q_2-q_3)-c(q-q_1-q_2-q_3)+P\left[Q_4^c-\alpha_4(q-q_1-q_2-q_3)\right]$$

此时，对目标函数分别求其关于产量的一阶导数，可以得到

$$\begin{cases}\partial U_1/\partial q=(a-2q)+q_2+q_3+q_4-c-P\alpha_1\\ \partial U_2/\partial q=(a-2q)+q_1+q_3+q_4-c-P\alpha_2\\ \partial U_3/\partial q=(a-2q)+q_1+q_2+q_4-c-P\alpha_3\\ \partial U_4/\partial q=(a-2q)+q_1+q_2+q_3-c-P\alpha_4\end{cases}$$

一阶导数为零时，可以得到

$$\begin{cases}q=(a-c+q_2+q_3+q_4-P\alpha_1)/2\\ q=(a-c+q_1+q_3+q_4-P\alpha_2)/2\\ q=(a-c+q_1+q_2+q_4-P\alpha_3)/2\\ q=(a-c+q_1+q_2+q_3-P\alpha_4)/2\end{cases}$$

则 4 个厂商同时达到收益最优的条件为

$$2q=a-c+q_2+q_3+q_4-P\alpha_1=a-c+q_1+q_3+q_4-P\alpha_2=a-c+q_1+q_2+q_4-P\alpha_3=a-c+q_1+q_2+q_3-P\alpha_4$$

解得最优碳交易价格为

$$P=\frac{q_2-q_1}{\alpha_1-\alpha_2}=\frac{q_3-q_1}{\alpha_1-\alpha_3}=\frac{q_4-q_1}{\alpha_1-\alpha_4}=\frac{q_3-q_2}{\alpha_2-\alpha_3}=\frac{q_4-q_2}{\alpha_2-\alpha_4}=\frac{q_4-q_3}{\alpha_3-\alpha_4}$$

（3）存在碳交易时的均衡产出

代表性厂商若是通过碳排放交易来满足碳排放量的约束，利润函数会表现为碳交易收入和支出相互联系，利润函数发生变化。碳排放量超标的厂商为了实现生产而购买碳排放权，导致其生产成本增加，成本函数的变化使得该超标厂商会对产量和排放权的购买量进行权衡。

假设在碳交易过程中，碳排放量的价格 P 对交易各方来说是相等的，买卖之间的交易量也是相等的，因此可以推导出，碳排放量超标的厂商购买排放权的支出部分应该与碳排放量盈余的厂商出售排放权的收益部分相等，可以表示为

$$PQ_1^r + PQ_2^r = PQ_3^r + PQ_4^r$$

也就是 $P\Delta Q_1 + P\Delta Q_2 + P\Delta Q_3 + P\Delta Q_4 = 0$。

对单个厂商而言，碳市场交易进行的基础是，必须使各厂商的利润最大化，如此可以转化为求利润函数的最大值问题：

约束条件：

$$P(Q_1^* - Q_1^c) + P(Q_2^* - Q_2^c) = P(Q_3^c - Q_3^*) + P(Q_4^c - Q_4^*)$$

$$Q_1^c + Q_2^c + Q_3^c + Q_4^c = Q^c$$

将碳交易价格 P 代入代表性厂商的利润最大化目标函数，并对其分别求各厂商产量的一阶导数，如下：

$$\begin{cases} \partial U_1/\partial q_1 = a - 2q_1 - q_2 - q_3 - q_4 - c - \alpha_1\beta_1 + 1/(\alpha_1 - \alpha_2) \\ \partial U_2/\partial q_2 = a - q_1 - 2q_2 - q_3 - q_4 - c - \alpha_2\beta_2 + 1/(\alpha_2 - \alpha_3) \\ \partial U_3/\partial q_3 = a - q_1 - q_2 - 2q_3 - q_4 - c - \alpha_3\beta_3 + 1(\alpha_2 - \alpha_3) \\ \partial U_4/\partial q_4 = a - q_1 - q_2 - q_3 - 2q_4 - c - \alpha_4\beta_4 + 1/(\alpha_1 - \alpha_4) \end{cases}$$

根据约束条件和目标函数的一阶导数等于零,可以求得上式的一个均衡产量点为

$$\begin{cases} q_1'^* = \dfrac{a - c - 4\alpha_1\beta_1 + \alpha_2\beta_2 + \alpha_3\beta_3 + \alpha_4\beta_4}{5} - \dfrac{1}{\alpha_1 - \alpha_2} + \dfrac{1}{\alpha_1 - \alpha_3} + \dfrac{1}{\alpha_1 - \alpha_4} \\ q_2'^* = \dfrac{a - c + \alpha_1\beta_1 - 4\alpha_2\beta_2 + \alpha_3\beta_3 + \alpha_4\beta_4}{5} - \dfrac{1}{\alpha_1 - \alpha_3} + \dfrac{1}{\alpha_2 - \alpha_3} + \dfrac{1}{\alpha_1 - \alpha_4} \\ q_3'^* = \dfrac{a - c + \alpha_1\beta_1 + \alpha_2\beta_2 - 4\alpha_3\beta_3 + \alpha_4\beta_4}{5} \\ q_3'^* = \dfrac{a - c + \alpha_1\beta_1 + \alpha_2\beta_2 + \alpha_3\beta_3 - 4\alpha_4\beta_4}{5} \end{cases}$$

使厂商的联合利润达到最大值。

(4)交易后碳强度的变化

经过碳市场交易，最终形成了代表性厂商的均衡碳排放量

Q_i^*,4 个厂商均衡的碳排放量可以表示为(Q_1^*,Q_2^*,Q_3^*,Q_4^*)。

由 $Q^r = Q^0 - Q^c$,$Q_1^c = Q_1^* - Q_1^r$,$Q_2^c = Q_2^* - Q_2^r$,$Q_3^c = Q_3^* + Q_3^r$,$Q_4^c = Q_4^* + Q_4^r$,可以将上述 4 式变换成关于 Q^* 的表达式。对其分别求 Q_1^*,Q_2^*,Q_3^*,Q_4^* 偏导,并令其等于零,可以得到碳市场交易后厂商的均衡碳排放量,表示为

$$\begin{cases} Q_1^* = Q_1^c/2 + Q_1^0/2 - P/2\beta_1^2 \\ Q_2^* = Q_2^c/2 + Q_2^0/2 - P/2\beta_2^2 \\ Q_3^* = Q_3^c/2 + Q_3^0/2 - P/2\beta_3^2 \\ Q_4^* = Q_4^c/2 + Q_4^0/2 - P/2\beta_4^2 \end{cases}$$

厂商经过碳市场交易后,均衡的碳排放量可以转换成相关的碳排放强度指标,公式为 $G_i^* = Q_i^*/Y_i$,从而得到各厂商交易后的碳排放强度。

ΔG_i表示碳排放强度指标在碳交易前后的变化,则有

$$\Delta G_i = G_i^* - G_i = (Q_i^* - Q_i^0)/Y_i$$

具体到各厂商为

$$\Delta G_1 = G_1^* - G_1 = (Q_1^* - Q_1^0)/Y_1 = (Q_1^c/2 - Q_1^0/2 - P/2\beta_1^2)/Y_1$$

$$\Delta G_2 = G_2^* - G_2 = (Q_2^* - Q_2^0)/Y_2 = (Q_2^c/2 - Q_2^0/2 - P/2\beta_2^2)/Y_2$$

$$\Delta G_3 = G_3^* - G_3 = (Q_3^* - Q_3^0)/Y_3 = (Q_3^c/2 - Q_3^0/2 - P/2\beta_3^2)/Y_3$$

$$\Delta G_4 = G_4^* - G_4 = (Q_4^* - Q_4^0)/Y_4 = (Q_4^c/2 - Q_4^0/2 - P/2\beta_4^2)/Y_4$$

由于 $Q^c < Q^0$,因此 ΔG_1,ΔG_2,ΔG_3、ΔG_4 均小于零,即经过碳市场交易后,各厂商的碳强度得到了下降。

附录 C　技术偏向指数的推导模型

依照 Shephard 引理,定义投入导向(Input - oriented)的距离函数(Distance Function),其倒数是给定产出时所需的最小投入要素与实际投入要素之比,是技术效率的一种度量。假设 $x^t=(x_1^t,\cdots,x_N^t)$ 表示 t 时期的一组非负投入向量,$y^t=(y_1^t,\cdots,y_N^t)$ 表示 t 时期的一组非负产出向量,那么 t 时期的 Shephard 投入距离函数则可定义为

$$D_i^t(y,x)=\max\{\lambda:\frac{x}{\lambda}\in L^t(y)\} \qquad (C\text{-}1)$$

式中,$L^t(y)$ 为投入需求集(Input Requirement Set),表示这一时期产出所需的可行投入组合。

在投入导向之下,Fare 等提出的 Malmquist 全要素生产率指数(MI)是在满足规模报酬不变条件下的技术"标杆"的基础上定义的(Lovell,2003):

$$MI=\sqrt{\frac{D_0^{t+1}(y^t,x^t)}{D_0^{t+1}(y^{t+1},x^{t+1})}\times\frac{D_0^t(y^t,x^t)}{D_0{}^t(y^{t+1},x^{t+1})}} \qquad (C\text{-}2)$$

MI 可以进一步分解为技术变化指数和技术效率变化指数:

$$MI=\sqrt{\frac{D_0{}^{t+1}(y^t,x^t)}{D_0{}^t(y^t,x^t)}\times\frac{D_0{}^{t+1}(y^{t+1},x^{t+1})}{D_0{}^t(y^{t+1},x^{t+1})}}\times[\frac{D_0{}^t(y^t,x^t)}{D_0{}^{t+1}(y^{t+1},x^{t+1})}] \qquad (C\text{-}3)$$

$$=\text{TECH}\times\text{EFFCH}$$

然而,MI 作为一种全要素生产率指数,是对技术进步绩效的一种综合度量,其中既包括生产前沿面的平移和旋转效应,二者的总效应可以用 TECH 指数度量。进一步,Fare 等(1994)将技术变化

指数 TECH 指数具体分解为

$$\mathrm{MATECH}=\frac{D_0^{\,t+1}(y^t,x^t)}{D_0^{\,t}(y^t,x^t)} \tag{C-4}$$

$$\mathrm{OBTECH}=\sqrt{\frac{D_0^{\,t+1}(y^{t+1},x^{t+1})}{D_0^{\,t}(y^{t+1},x^{t+1})}\Big/\frac{D_0^{\,t+1}(y^{t+1},x^t)}{D_0^{\,t}(y^{t+1},x^t)}} \tag{C-5}$$

$$\mathrm{IBTECH}=\sqrt{\frac{D_0^{\,t+1}(y^{t+1},x^t)}{D_0^{\,t}(y^{t+1},x^t)}\Big/\frac{D_0^{\,t+1}(y^t,x^t)}{D_0^{\,t}(y^t,x^t)}} \tag{C-6}$$